重 新 定 义 思 想 之 美

极简税法

每天学一点税法知识

徐冬艳　齐峰　著

清华大学出版社
北京

内 容 简 介

本书是一本旨在为广大读者提供税法知识普及的实用手册。本书从税法的基础知识入手，逐步深入到税收的各个方面，包括但不限于税收与税法的关系，纳税人、负税人和扣缴义务人的概念，征税对象、计税依据和税率的确定，以及税收优惠政策的适用等。书中还涵盖了税务机关的职责和权力，税收违法行为的类型及其处罚，以及未来税务征管的重点和趋势。通过案例分析和漫画解说，本书力求以通俗易懂的方式帮助读者理解税法、增强纳税意识、规避税务风险。

本书的读者对象十分广泛，既包括需要了解税法基本知识的企业财务人员、个体工商户，也包括对税法感兴趣的普通公民。无论是税务专业人士还是税收法律初学者，都能通过本书获得有价值的信息和指导。对于高等院校财经、法律专业的学生，本书也是很好的辅助学习的工具，能够帮助他们建立起对税法的认识和理解。同时，本书也适合希望提升税务知识，以更好地维护自身合法权益的纳税人。简言之，这是一本面向所有希望深入了解税法、提高纳税合规性的读者的实用指南。

本书封面贴有清华大学出版社防伪标签，无标签者不得销售。

版权所有，侵权必究。举报：010-62782989，beiqinquan@tup.tsinghua.edu.cn

图书在版编目（**CIP**）数据

极简税法：每天学一点税法知识 / 徐冬艳，齐峰著.
北京：清华大学出版社，2025.6.
ISBN 978-7-302-69537-0
Ⅰ．D922.220.4
中国国家版本馆 CIP 数据核字第 20253W4V05 号

责任编辑： 付潭蛟
封面设计： 汉风唐韵
责任校对： 王荣静
责任印制： 杨　艳
出版发行： 清华大学出版社
　　　　　网　　址：https://www.tup.com.cn，https://www.wqxuetang.com
　　　　　地　　址：北京清华大学学研大厦 A 座　　邮　　编：100084
　　　　　社 总 机：010-83470000　　邮　　购：010-62786544
　　　　　投稿与读者服务：010-62776969，c-service@tup.tsinghua.edu.cn
　　　　　质 量 反 馈：010-62772015，zhiliang@tup.tsinghua.edu.cn
印 装 者： 小森印刷（北京）有限公司
经　　销： 全国新华书店
开　　本： 148mm×210mm　　**印　张：** 9.75　　**字　数：** 238 千字
版　　次： 2025 年 7 月第 1 版　　**印　次：** 2025 年 7 月第 1 次印刷
定　　价： 69.80 元

产品编号：103519-01

前言

　　税法，对于很多人来说，似乎是一门高深莫测的学问，充满了复杂的条款和难以理解的专业术语。然而，正因为如此，《极简税法——每天学一点税法知识》，才能彰显出它的价值。其实，税法无处不在，从收入到消费，从个人投资到企业运营，它关系到每个人的切身利益。因此，了解税法，不仅是每个公民的权利，更是每个公民应尽的责任。

　　本书共分四篇，共九章。在编写本书的过程中，我和齐峰博士齐心协力，力求用通俗易懂的语言、言简意赅的表达，遵循严谨有力的法规，结合生动的案例，将税法的精髓呈现给读者。从税收基本常识到税收缴纳、税收征管常识；从偷逃税款罪到虚开发票罪；从税务稽查到稽查应对技巧，再到我国未来税务征管的重点和方向……我们尽可能全面地覆盖税法的各个维度和方面，希望能够为大家提供一本实用、落地、易得的税法指南。

　　我相信，阅读完本书后，无论是企业财务人员还是普通纳税人，都能够增强自己的税法意识，提高纳税遵从度，同时也能够更好地维护自身的合法权益。税法知识的普及不仅有助于构建公平合理的税收环境，也是推动社会进步、和谐发展的重要力量。

最后，我要感谢所有支持本书编写和出版工作的同事们和朋友们，没有他们的勤恳努力，没有他们的鼎力相助，本书不可能与大家见面。同时，我也期待读者朋友们能够提出宝贵意见和建议，让我们共同为税法知识的传播和普及贡献一份力量。

愿《极简税法——每天学一点税法知识》成为您工作中的实用工具，成为您生活中的良师益友。让我们携手并进，全力以赴，共同创造一个更加公平、透明、和谐的税收环境。

目 录

第一篇 税法基础

第一章 税收基本常识 / 3

1. 税收和税法的关系是什么？/ 3
2. 什么是纳税人、负税人和扣缴义务人？/ 10
3. 什么是征税对象、计税依据和税率？/ 14
4. 什么是减税和免税？/ 18
5. 免税、零税率和不征税的区别是什么？/ 22
6. 什么是免征额和"起征点"？/ 27
7. 什么是查账征收和核定征收？/ 32
8. 什么是应纳税所得额和应纳税额？/ 38

第二章 税收缴纳常识 / 42

9. 我国现行税制下有哪些税种？/ 42
10. 浅谈增值税：企业如何缴纳增值税？/ 48

11. 浅谈企业所得税：如何缴纳企业所得税？／56

12. 浅谈个人所得税：如何缴纳个人所得税？／62

13. 浅谈其他税种：生活中有哪些事情与税收息息相关？／70

第三章　税收征管常识／76

14. 税务机关的职责和权力有哪些？／76

15. 与税收违法行为有关的法律法规和文件有哪些？／80

16. 税法对纳税人违法行为的处罚有何规定？／83

17. 纳税人应该如何处理税务争议？／89

第二篇　涉税违法与涉税犯罪

第四章　偷逃税款罪／97

18. 什么是偷税、漏税和逃避税款罪？／97

19. 逃税的后果有哪些？／102

20. 为什么有人逃税，仍能免于刑事处罚？／107

21. "逃税8万元被判3年"，冤不冤？／113

22. 互联网销售人员会面临哪些涉税风险？／117

23. 企业未履行代扣代缴义务，员工要承担责任吗？／121

24. 什么是税款追征期？／126

25. 企业注销后，欠缴的税款该怎么办？／131

26. 单位偷税，谁应承担责任？／136

27. 当事人坐牢了，税款和滞纳金、罚款还会被追缴吗？／140

第五章　虚开发票罪／144

28. 什么是虚开发票？／144

29. 虚开增值税专用发票，将面临什么后果？／148

30. 虚开发票罪、虚开专用发票罪、违法虚开、犯罪虚开分别是什么？／153

31. 什么是善意取得虚开增值税专用发票？／159

32. 对于纳税人善意取得虚开的增值税专用发票，应如何处理？／164

33. "四流"不一致就一定是虚开发票吗？／169

34. 如何防范取得虚开发票？／177

第三篇　税务稽查与应对

第六章　税务稽查的因与果／183

35. 企业被税务稽查的主要原因有哪些？／183

36. 公司税务有问题，员工应该举报吗？／188

37. 什么是定向抽查和不定向抽查？／192

38. 税务部门进行重点稽查的对象有哪些？／197

39. 税收违法行为的数据、信息和线索是如何找到的？／202

第七章　税务稽查应对技巧／208

40. 如何识别真假税务稽查？／208

41. 税务稽查的合法手段和程序是怎样的？／213

42. 税务稽查的审理结果有哪些对应的文书？／220

43. 在税务稽查的检查阶段，中止与终止有哪些情形？／224

44. 在税务稽查的执行阶段，中止与终止有哪些情形？／228

45. 面对税务稽查时，企业有哪些救济途径？／233

第四篇　大数据背景下的税务监管

第八章　未来，最懂你的是税务局／243

46. 金税四期与税收征管／243

47. 税收大数据为纳税人精准画像／250

48. 什么是"一人一税号，一人一档案"？／255

49. 为什么要对纳税人群进行分级和分类？／260

第九章　大数据背景下的税务征管趋势／266

50. 多部门税收信息交换和共享如何实现？／266
51. 银行与税务联网了吗？／271
52. 银行资金监管与税务监管／276
53. 如何建立个人纳税信用体系？／282
54. 税收征管与共同富裕／286
55. 我国未来税务征管的重点人群／291

第一篇

税法基础

第一章　税收基本常识

1　税收和税法的关系是什么？

本杰明·富兰克林曾说过："世界上只有两件事是不可避免的，那就是税收和死亡。"只要活在现代社会，这话就会一直有效。

提到税收，大家可能都不陌生，但说到这里，肯定有的人就会奇怪了："我的工资低，还没缴过个人所得税呢，我这不就避开税收了吗？"此言差矣，虽然工资低到一定程度后的确不需要缴纳个人所得税，但在日常生活中，我们总在不知不觉中缴纳了税款。

这个让我们在不知不觉中缴纳的税款，到底是怎么来的呢？

税收自古有之，可以说自从有了"国家"的概念，就有了税收。早在夏朝，我国就有了"九贡"的说法，虽然具体的形式经过漫长的演变发生了变化，但基本的逻辑没有变。

一个国家，无论是开展建设还是推行政策，哪怕只是维持社会稳定，都是要花不少钱的。

这些钱从哪里来呢？一个国家，哪怕再有钱，也满足不了这种规模的开销,那就只能大家一起来筹钱了。毕竟,一个人从出生、成长到学习、就业,能够顺利走过人生的每个阶段,国家提供的公共服务功不可没。我们出生的医院、上学的学校、出门走的马路,都需要国家财政的支持,才能够持续为我们提供服务。那么,作为受益的群体,我们自然也要负担一部分成本。

换句话说,税收是国家为了实现公共利益和提供公共服务而采取的一种财政手段。

税收的存在,一方面是为了支持国家的公共服务和社会发展;另一方面则是为社会和个人创造更好的福利和发展机会。

《中华人民共和国宪法》 第五十六条

中华人民共和国公民有依照法律纳税的义务。

《中华人民共和国税收征收管理法》 第一条

为了加强税收征收管理,规范税收征收和缴纳行为,保障国家税收收入,保护纳税人的合法权益,促进经济和社会发展,制定本法。

纳税就像吃大餐，一个人吃不起山珍海味，叫一群人来AA，各出一点钱就能吃顿好的。

那么问题就又来了，怎么才能保证来吃饭的人都付了钱？每个人吃的分量不一样，饭钱还要不要按人头算？如果不按人头算，又怎么来统计每个人吃了多少？

当然，现实里要是真在请客的时候问这个，肯定会有人给你翻白眼："小气鬼，谁还真差你这顿饭钱了！"

但要是把这个问题扩大到国家层面，它就成了必须认真研究的问题了。

什么样的规定才最具有约束力呢？自然就是法律。为了确保征税过程的有效性，税法便产生了。

税法不仅能够规范税务活动，预防和打击税务违法行为，保障国家财政收入，同时也能保护纳税人权益，为涉及税收的事件提供争议解决机制，使纳税人在纳税时能够享受公平和正义。国家制定了一系列与税收相关的法律法规。

税法小课堂

（1）税收、税法是如何影响我们的生活的？

税收与公民的衣食住行、企业的经营活动密切相关。对于公民来说，税收通过影响商品价格和个人所得税的征收，直接影响我们购买衣物、食品、住房以及交通工具等生活必需品的成本，同时也影响着我们的消费能力和生活水平。

对于企业来说，税收，如企业所得税和增值税，直接影响企业的经营活动、利润水平和竞争力。税收政策的调整和优化还对产业发展、就业和创新等方面产生影响。因此，了解税收政策并合法履行纳税义务对公民和企业来说至关重要，也就是对于维持公民的基本生活需求和促进企业的健康经营至关重要。

（2）了解税法知识有什么作用？我们应该如何学习税法知识？

税法知识对我们有重要的作用。了解和学习税法知识，可以帮助我们更好地理解税收的原理、制度、政策和相关的法律法规，知晓我们在生活和经济活动中的纳税义务和权益，并通过合法利用减免税政策维护自身权益。

作为一位公民，我们可以采取以下方式来学习税法知识。

①阅读税法相关的法律及国家税务部门发布的税法法规、解释和通知，了解最新的税收政策和规定。

②关注经济和财经类媒体，了解税收相关的新闻和评论，掌握税收领域的动态和变化。

③咨询税务专业人士、注册会计师或律师，获取个人或企业的纳税建议和筹划方案。

④参加相关税法课程、培训班，深入了解税收原理和实践。

（3）我国现行税制下有哪些税种？又有哪些与税收相关的法律和法规？

目前我国共有 18 个税种。与税收相关的法律有 13 部（见表 1-1）。

表 1-1　与税收相关的法律

序号	法律名称	说　明
1	《中华人民共和国税收征收管理法》	不针对具体税种，而是对税收征收的整个管理过程进行规定，包括纳税申报、税款缴纳、税务检查等内容

续表

序号	法律名称	说明
2	《中华人民共和国个人所得税法》	主要针对个人所得税
3	《中华人民共和国企业所得税法》	适用于企业和其他组织的所得税
4	《中华人民共和国车船税法》	车船所有人或者管理人应当缴纳的税
5	《中华人民共和国环境保护税法》	对污染环境的行为进行征税，旨在减少污染、保护环境
6	《中华人民共和国烟叶税法》	专门针对烟叶生产、加工、销售等环节征收的税
7	《中华人民共和国船舶吨税法》	针对船舶的净吨位进行征税
8	《中华人民共和国车辆购置税法》	购买车辆时需要缴纳的一次性税
9	《中华人民共和国耕地占用税法》	对占用耕地建设非农业建筑物的行为进行征税，旨在保护和节约耕地资源
10	《中华人民共和国资源税法》	针对开采的矿产资源和水资源等进行征税
11	《中华人民共和国城市维护建设税法》	针对支付增值税、消费税和营业税的单位和个人按照其应税销售额和应税收入的一定比例征收
12	《中华人民共和国契税法》	对房地产交易和土地使用权转让等契约活动进行征税
13	《中华人民共和国印花税法》	针对一系列经济合同、权证、账簿等文件进行征税

除了以上13部法律，我国还出台了一系列税收相关的行政法规、部门规章、规范性文件等，这些共同构成了我国的税收法律

体系。其法律效力从高到低排列如下:

①税收法律。

由全国人民代表大会及其常务委员会制定。如:

A.《中华人民共和国个人所得税法》;

B.《中华人民共和国企业所得税法》;

C.《中华人民共和国税收征收管理法》等。

法律具有最高的法律效力和权威性,是税收领域根本性、全局性的规范。

②税收行政法规。

由国务院制定的有关税收方面的行政法规和规范性文件。如曾经的《中华人民共和国增值税暂行条例》(目前增值税已立法)等。其效力低于法律,是对法律相关规定的细化和补充,用于指导全国性的税收行政管理工作等。

③税收部门规章。

由国务院财税主管部门(财政部、国家税务总局、海关总署和国务院关税税则委员会等)根据法律和国务院行政法规或者规范性文件的要求,在本部门权限范围内发布的有关税收事项的规章。如国家税务总局制定的《税务登记管理办法》《增值税一般纳税人登记管理办法》等。

④税收规范性文件(包括通知、办法等)。

A. 通常由财政部、国家税务总局等部门制定和发布。如国家税务总局下发的各类通知(如《国家税务总局关于进一步简便优化部分纳税人个人所得税预扣预缴方法的通知》等)、办法[如《国家税务总局关于企业工资薪金及职工福利费扣除问题的通知》

（国税函〔2009〕3号）等〕、公告（如《财政部 税务总局关于进一步加大增值税期末留抵退税政策实施力度的公告》等）、意见（如《国家税务总局关于坚持依法治税更好服务经济发展的意见》等）、函等文件形式。

B. 省级及以下税务机关也可以根据授权和实际情况制定相关税收规范性文件用于辖区内税收管理等工作，但不得与上位法冲突。其效力层级在税收体系中相对较低，是对具体税收政策、税收管理执行层面等作出的较为细致的规定、解释、指导等。

（4）税收是国家取得财政收入的一种手段，它区别于其他财政收入形式的特征有哪些？

税收具有区别于其他财政收入形式独有的"三性"，即强制性、无偿性和固定性。

①税收的强制性是指国家凭借其政治权力以法律的形式进行税款的征收，既不是由纳税人按照个人意志自愿缴纳，也不是按照国家的意愿随意征税，而是按照法律规定进行征税。

②税收的无偿性是指国家征税以后，税款一律纳入国家财政预算，由财政统 分配，而不直接向具体的纳税人返还或者支付报酬。

③税收的固定性是指国家征税预先规定了统一的征税标准，如纳税人是谁、税额多少、纳税时间及地点等。

税收"三性"特征是一个完整的统一体，缺一不可。无偿性是税收的核心特征，强制性和固定性是对无偿性的保证和约束。

2 什么是纳税人、负税人和扣缴义务人?

前面我们说过了,我们生活的每一天几乎都跟税收脱不开关系。吃喝玩乐要缴税,出门打工要缴税,开了公司当老板,更加要缴税。

事实上,我们几乎每天都在缴税,只不过我们在此过程中扮演的角色不同而已。

我们举个身边最常见的例子。

这天小王和小红来到便利店,买了一个15元的杯子。

好,打住,哪怕只是这样一个简单的行为,行为的所有参与者就已经与税收产生了关系。小王和小红在买东西的时候,作为消费者,购买商品花的钱里就已经包含了增值税,作为实际税款的承担者,还有一个更准确的称呼——负税人。

出过国的朋友会发现,有些国家的超市里,购买商品的缴税金额会直接写在小票上。

而超市作为实际上将增值税交给税务局的单位，叫作纳税人。

而当店员每月拿到工资时，超市的角色就又会转换。店员的工资中通常会扣除个人所得税，而这部分税款就是超市代为扣缴的。这时，超市就成了扣缴义务人。

> **《中华人民共和国税收征收管理法》 第四条**
>
> 　　法律、行政法规规定负有纳税义务的单位和个人为纳税人。
>
> 　　法律、行政法规规定负有代扣代缴、代收代缴税款义务的单位和个人为扣缴义务人。
>
> 　　纳税人、扣缴义务人必须依照法律、行政法规的规定缴纳税款、代扣代缴、代收代缴税款。
>
> 　　扣缴义务人除了代扣代缴义务人，还有代收代缴义务人。所谓代收代缴义务人，是指虽不承担纳税义务，但依照有关规定，在向纳税人收取商品或劳务收入时，有义务代收代缴其应纳税款的单位和个人。例如，消费税条例规定，委托加工的应税消费品，由受托方在向委托方交货时代收代缴委托方应该缴纳的消费税。

税法小课堂

（1）纳税人、负税人和扣缴义务人的概念是什么？

纳税人是负有纳税义务的人，是税收征纳关系中的纳税主体。纳税人根据法律和行政法规的规定，负有依法缴纳税款的义务，可以是个人或单位，包括自然人和法人。

扣缴义务人是依法负有代扣代缴、代收代缴税款义务的人。扣缴义务人可以是雇主、银行、保险公司、租赁公司等。

负税人是指实际负担税款的法人、自然人和其他组织。

（2）纳税人、负税人和扣缴义务人有什么联系和区别？

纳税人和扣缴义务人都是税收征纳关系中的参与者，负税人是商品和服务等税收的最终承担者。纳税人是直接负有纳税义务的主体，需要自行计算并缴纳税款。而扣缴义务人则是代为扣缴他人税款的义务人，他们在支付薪资、奖金等收入时需要扣除相应的税款，并代为缴纳给税务机关。

例如，雇主作为扣缴义务人，负责从员工的工资中扣除个人所得税并代为缴纳给税务机关。银行作为扣缴义务人，在支付利息或股息时需要扣除相应的利息税或股息税，并代为缴纳给税务机关。

当纳税人能够将税款转嫁或转移给他人时，纳税人就不再是负税人。在没有转嫁或转移的情况下，纳税人同时也是负税人。

（3）作为纳税人和扣缴义务人，企业应该要注意什么问题？

①作为纳税人，企业应按照税法规定的时间和程序，准确填报和申报相关税种的纳税信息。这包括计算和申报企业所得税、增值税等税款，并确保申报的准确性和合规性。

②作为扣缴义务人,企业需要按照法律规定,为员工或其他纳税人扣缴应纳税款项,并按规定时间将扣缴的税款上缴给税务机关。企业应确保扣缴义务的准确性和及时性,避免出现未按时代缴或扣缴不足的情况。

③作为扣缴义务人,如果企业将员工本应交税的那部分工资克扣下来,而没有去税务部门申报并交税,这种行为将比逃税行为更加严重,若发生的金额超过10万元,当事的企业负责人必须承担刑事责任。

④如果在招聘员工时,企业和员工谈的是"税后工资",那么企业作为扣缴义务人,必须把员工的"税后工资"换算为"税前工资",再进行税款的计算和申报缴纳。

3 什么是征税对象、计税依据和税率？

了解了纳税人的基本概念后，我们会发现税收这个事好像也没那么复杂。

老肖也是这么想的，他刚开了一家科技公司，知道了自己和公司应该承担的纳税义务，接下来就该招聘了。

当老肖看见金发碧眼的麦克走进来的时候，他也犯难了。

"这外国人，在中国该怎么缴税呢？"

是的，我们一直说税收是给国家发展做贡献的，听着好像简单直接。但如果我们把眼界放宽一点，想想自己出国发展，或者外国人来中国的情形，就会发现问题其实还挺复杂。

不过我们能想到的，国家自然也都想到了。对于老肖的问题，作为外国人的麦克在中国工作，是一定要缴纳相关税款的，至于他在国外的收入要不要在中国缴税，就要看他符不符合《中华人民共和国个人所得税法》中的"居民个人"条件了。

《中华人民共和国个人所得税法》 第一条

在中国境内有住所，或者无住所而一个纳税年度内在中国境内居住累计满一百八十三天的个人，为居民个人。居民个人从中国境内和境外取得的所得，依照本法规定缴纳个人所得税。

在中国境内无住所又不居住，或者无住所而一个纳税年度内在中国境内居住累计不满一百八十三天的个人，为非居民个人。非居民个人从中国境内取得的所得，依照本法规定缴纳个人所得税。

纳税年度自公历一月一日起至十二月三十一日止。

《中华人民共和国企业所得税法》 第一条

在中华人民共和国境内，企业和其他取得收入的组织（以下统称企业）为企业所得税的纳税人，依照本法的规定缴纳企业所得税。

个人独资企业、合伙企业不适用本法。

《中华人民共和国增值税暂行条例》 第一条

在中华人民共和国境内销售货物或者加工、修理修配劳务（以下简称劳务），销售服务、无形资产、不动产以及进口货物的单位和个人，为增值税的纳税人，应当依照本条例缴纳增值税。

简而言之，一般情况下，无论国籍，无论个人还是单位，只要在中国境内取得收入，都需纳税。因为咱们税收的征税对象并非特定的人，而是物或者行为。

就拿老肖举例，他的公司需要缴纳企业所得税，征税对象是企业的利润，而对于麦克，他需要缴纳个人所得税，个人所得税的征税对象是他的收入。

具体需要缴纳多少，则要根据计税依据和税率来确定。

计税依据和税率两个概念都和数字有关，计税依据是对征税对象的量化呈现，税率则是应纳税额的比率。

回到老肖这里，他要缴纳企业所得税，征税对象是企业的利润，计税依据则是利润的具体数额。以这个数额为基础，根据税率进行计算，就能知道该缴纳多少税款了。

至于税率，则是国家通过立法确定的。

税法小课堂

（1）什么是征税对象、计税依据？它们有什么区别？

征税对象，又叫课税对象，是税法规定的征税对象。它解决的是对什么征税的问题，决定着某一种税的基本征税范围。

计税依据是对征税对象进行计税的标准，它解决的是税款的计算问题。

不同的税种，其征税对象和计税依据是不同的。以"三税"为例：

①增值税的征税对象是应税货物和劳务、服务，计税依据是销售货物和提供劳务、服务取得的收入。

②企业所得税的征税对象是企业的税收利润，计税依据是企

业的收入减去成本和费用后的利润，再根据税法规定进行纳税调整后的金额。

③个人所得税的征税对象是个人的收入，计税依据是个人取得的各类收入额。

（2）什么是税率？

税率是指应纳税额与征税对象数额之间的比例或应纳税额的固定数额，用于计算个人或组织应付的税款。它是计算税款的尺度，也是衡量税负轻重的重要标志。

我国现行的税率主要有以下三种。

①比例税率，是指对同一征税对象，不分数额大小，规定相同的征收比例。

②定额税率，是指按征税对象确定的计算单位（如重量[①]、数量、面积等自然单位），直接规定一个固定的税额的税率。

③累进税率，是指把计税依据按一定标准划分为若干等级，从低到高分别规定逐级递增的税率。按照其累进依据和累进方式不同，有全额累进税率（目前在我国没有采用该种税率形式）、超额累进税率、超率累进税率、全率累进税率、超倍累进税率等多种形式。

简单来说，税率就是用来计算你应该支付的税款。不同的商品对应不同的税率，比如，增值税有13%、9%、6%的税率；企业所得税有25%、20%、15%的税率等。

根据税种的不同，如增值税、企业所得税、个人所得税、关税等，其对应的税率或税率体系也有差别。有的税种采用固定税率，有的则采用累进税率。

---

① 本书重量为质量（mass）概念，单位为千克。

4 什么是减税和免税？

国家要用税收来保证发展的资金，但税收这个事是很有讲究的。

古代有很多国家觉得税收就是"收就完事了"，钱多了国家才好建设嘛。于是税收的名目越立越多，税收的比例越来越大，结果成了"持续性的竭泽而渔"，最后搞得国家民不聊生。还有人觉得生活本来已经很艰难了，不能再让大家承受税收的负担，能少收税就少收，结果造成国家财政紧张，连修马路的钱都出不起了。

到底什么程度的税收才算合理呢？这个问题早就有经济学家研究过了，细节咱们就暂不深究了，但结论还是很简单的，那就是——具体问题具体分析。

税收不仅是国家财政收入的主要来源，也是间接影响经济状况的重要手段。经济状况良好，税收就充足；经济下行，适当减少税收，可以减轻民众的负担，不少企业借此度过最艰难的时刻，又反过来推动经济发展。

再细一点，如果国家觉得哪个行业值得发展和鼓励，那么可以通过税收减免的方式，吸引更多的投资人来到这个行业。

减税和免税就是政府为了鼓励行业经济发展、支持创业创新而进行的减少征税或免予征税的一种税收优惠手段。国家也借此扶持中小微企业的发展。

《中华人民共和国税收征收管理法》 第三十三条

纳税人依照法律、行政法规的规定办理减税、免税。

地方各级人民政府、各级人民政府主管部门、单位和个人违反法律、行政法规规定，擅自作出的减税、免税决定无效，税务机关不得执行，并向上级税务机关报告。

《中华人民共和国税收征收管理法实施细则》 第四十三条

享受减税、免税优惠的纳税人，减税、免税期满，应当自期满次日起恢复纳税；减税、免税条件发生变化的，应当在纳税申报时向税务机关报告；不再符合减税、免税条件的，应当依法履行纳税义务；未依法纳税的，税务机关应当予以追缴。

小陈创办了一家小型科技公司，如果他的公司是按期纳税的小规模纳税人，就可以依法享受增值税的减税政策。

假设小规模纳税人的增值税征收率是 3%，根据财政部、国家税务总局在 2023 年发布的《关于增值税小规模纳税人减免增值税政策的公告》，小陈的公司只需缴纳 1%，那么这 2%的差额就是减税的优惠政策。

免税则是一种完全免除征收的方式。如果小陈的公司作为小规模纳税人，纳税期限是按月，其某个月的销售收入额在 10 万元以内，那么该月就不必缴纳增值税。

税法小课堂

（1）什么是减税和免税？它们有什么区别？

减税与免税是将税收的严肃性与灵活性相结合所制定的政策措施，是国内普遍采取的税收优惠方式。减税是从应征税款中减征部分税款，免税是免征全部税款。

减税又称税收减征，是按照税收法律、法规减除纳税义务人一部分应纳税款的行为，也是对部分纳税人、征税对象进行扶持、鼓励或照顾，以减轻其税收负担的一种特殊规定。减税一般分为法定减税、特定减税和临时减税。

免税指国家为了实现一定的政治经济政策，给予部分纳税人或征税对象的一种鼓励或特殊照顾。

（2）企业应该如何利用减税和免税的政策促进企业经营呢？

企业要定期了解并关注国家和地方政府发布的各种税收优惠政策，包括减税、免税等优惠政策，以便及时掌握最新的政策信息和规定，发现并利用政策可能给企业带来的优惠和好处。

企业要根据自身的实际情况，结合相关税收优惠政策，合理规划企业的业务运营模式和财务结构，如选择登记为小规模纳税人身份，符合小型微利企业的标准认定，合理筛选供应商，优化销售额的结算管理，或加大研发投入等，以达到减少税收支出、降低运营成本、提高经营效率的目的。

国家的税收优惠政策通常是为了鼓励特定行业或特定活动的发展。企业可以结合自身发展的需求，利用政策优势，如加大研发投入、安置残疾人就业等，以获取更多的政策支持，推动企业的发展。

5 免税、零税率和不征税的区别是什么？

小明这两年很开心，倒不是中了彩票，而是因为在家乡开了一家蔬菜零售及食品初加工公司。

公司主要从事两大类业务：一是将本地农户种植的蔬菜大量收购后进行零售，二是将收购的蔬菜加工制作成各种速食食品出口。

小明的生意很兴隆，公司发展得很顺利，这不仅是因为他有经济头脑，也是因为税收政策的扶持。

对于第一类业务，因为该业务属于蔬菜的零售，根据国家目前的免税政策，这部分产品的销售完全免征增值税（财税〔2011〕137号规定：对从事蔬菜批发、零售的纳税人销售的蔬菜免征增值税）。对于第二类业务，小明采用的是出口销售模式。根据国家的增值税零税率政策，这部分产品出口时不需要缴纳增值税，且相关的进项税是可以从销项税中抵扣的，还可以进行退税，这就是我们平常说的出口免抵退税政策。

第一章　税收基本常识　23

小明的姐姐李女士也很开心。因为她开了一家超市，这两年的生意十分红火。

超市推出了一种创新的预付卡支付模式：顾客可以提前为卡片充值，之后再来超市购物时就可以直接用卡片支付，方便快捷。

这种预付卡支付模式的特别之处在于，当顾客一次性充值超过 2000 元时，超市会为他们提供一张不征税发票。这实际上表明，顾客在购买预付卡的时候，这部分款项暂时不纳入增值税征税范围。

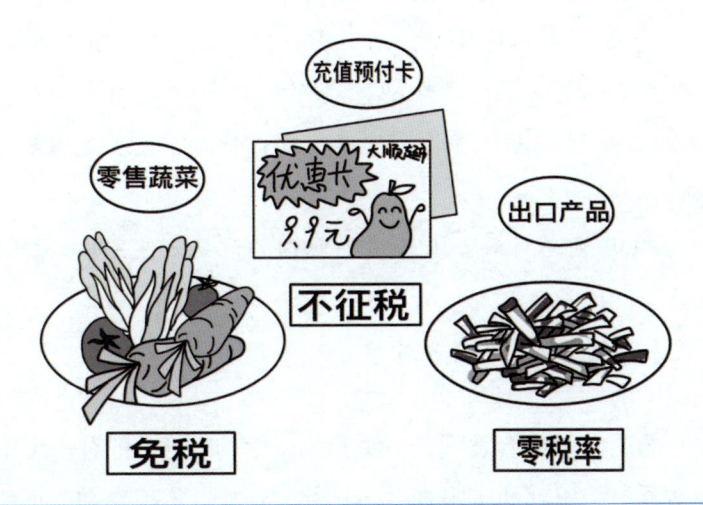

《中华人民共和国增值税暂行条例》第二条及《关于深化增值税改革有关政策的公告》（财政部　税务总局　海关总署公告 2019 年第 39 号）中对增值税税率的具体规定如下。

增值税税率：

（一）纳税人销售货物、劳务、有形动产租赁服务或者进口货物，除本条第二项、第四项、第五项另有规定外，税率为 13%。

（二）纳税人销售交通运输、邮政、基础电信、建筑、不动产租赁服务，销售不动产，转让土地使用权，销售或者进口下列货物，税率为9%：

1. 粮食等农产品、食用植物油、食用盐；

2. 自来水、暖气、冷气、热水、煤气、石油液化气、天然气、二甲醚、沼气、居民用煤炭制品；

3. 图书、报纸、杂志、音像制品、电子出版物；

4. 饲料、化肥、农药、农机、农膜；

5. 国务院规定的其他货物。

（三）纳税人销售服务、无形资产，除本条第一项、第二项、第五项另有规定外，税率为6%。

（四）纳税人出口货物，税率为零；但是，国务院另有规定的除外。

（五）境内单位和个人跨境销售国务院规定范围内的服务、无形资产，税率为零。

税率的调整，由国务院决定。

细心的朋友可能会发现，小明和他姐姐的生意，都有一个不用缴税的环节。但是用到的字眼却并不一样。免税、零税率和不征税，虽然结果都是让他们没有掏钱纳税，但实际上还是有区别的。

免税，这个很简单，就是指某些销售或收入完全不用缴税。

如果是企业，尤其是出口外贸企业，就可能会对零税率更感兴趣。这里可能稍微复杂点，咱们展开来讲一讲。

根据增值税的计算公式，应缴增值税等于销项税额减去进项税额，零税率意味着计算的销项税额是零。

用算式来表达，就是：应缴增值税＝0－进项税额。

换句话说，企业不但不用交增值税，还可以申请退税或者留抵进项税额，即在出口环节不但不用缴纳增值税，还可以申请退税。

不征税，即不属于该税种征收的范围。其实应作为特殊情况进行对待，同时也有可能只是暂时不征税，但将来可能需要征税。就像小明姐姐家的超市，销售预付卡时不用缴税，但当顾客用预付卡购买商品时，就需要根据实际购买的商品对应的税率缴纳增值税了。

税法小课堂

（1）免税、零税率和不征税是什么？

免税是指完全免除纳税义务的情形；零税率是指实际征收税款的税率为 0；不征税是指不属于该税种征收的范围，或者暂时不征收但将来可能需要征税的情形。

①免税。

在特定情境下，某些销售额或收入额完全不需要缴纳任何税款，是一种税收优惠政策。例如，超市销售蔬菜、鲜活肉蛋产品所取得的销售收入免征增值税；农户销售自己种植的农产品取得的销售收入也是完全免税的。

②零税率。

尽管销售时不征收税款，但与之相关的进项税（购买原材料或服务时缴纳的税款）仍然可以被抵扣。一个典型的例子是出口业务，尽管产品出口时税率为 0，但这些产品对应的进项税额仍可用于抵扣内销的增值税以及申请退税。

③不征税。

不征税意味着在特定情况下税收不会被征收。某些收入不属于税收的征税范围。例如，某些违约金是因为违反尚未履行的合同或协议而产生的，不属于增值税的征税范围，因此不征税。

在某些情况下,税收的征收会被推迟。比如,购买预付卡时,会先开具不征税发票,当消费者使用这些预付卡购买商品或服务时,这部分收入就要缴税了。

(2)免税、零税率和不征税有什么区别?

①免税和不征税:两者在结果上都不需要交税,但原因不同。免税是一种税收优惠政策,是指特定收入额或销售额完全不需要纳税;而不征税可能是因为某些收入不属于税收的范围,或是税收被推迟。

②零税率:尽管税率为0,但这并不意味着完全没有税收征收,只是在销售时税率为0。与此同时,其进项税额可以用来抵扣,而在免税情况下的进项税额则不能被抵扣。

免税、零税率和不征税的具体区别如表1-2所示。

表1-2 免税、零税率和不征税的具体区别

	免税	零税率	不征税
概念	指特定收入额或销售额完全不需要缴纳税款,是一种税收优惠政策	是增值税的法定税率,即销售时销项税额为0	不属于该税种征收的范围,或者暂时不征收但将来可能需要征税
进项税额抵扣	对应的进项税额不得抵扣,需做进项税额转出	对应的进项税额允许抵扣	对应的进项税额允许抵扣(规定不得抵扣进项税额的项目除外)
发票开具	只能开具增值税普通发票	只能开具增值税普通发票	一般情况下不得开具发票,国家税务总局另有规定的除外
税率选择	免税	0	不征税

6　什么是免征额和"起征点"？

有的人可能会说，自己不用交个人所得税，是因为自己的工资低于"起征点"。

但严谨地讲，这话对也不对。

说对，是因为如果你的工资没有达到基本减除费用标准，那的确不需要缴纳个人所得税；说不对，是因为这样的计算方式，用"起征点"来表述，其实是不正确的。

个人所得税里不需要缴税的这部分金额，准确来讲应该叫作"免征额"，只不过"起征点"并不影响一般人的交流理解，大家也就一直在用了。

实际上，免征额和"起征点"，是两个区别很明显的概念。

免征额，就是计算时的一个简单的减值，适用免征额的收入，在计算税款的数额前，需要先减去免征额，要是本身就不够免征额，自然就不用缴税啦。

比如小赵，作为上班族的她每个月只有工资收入，扣除社保及公积金后，每个月只有 6000 元的工资到手。而我国的个人所得税免征额是 5000 元，所以小赵的工资只有超过 5000 元的部分需要缴税，也就是说只有 1000 元是应税收入。

"起征点"更像马路上的限高杆，低于它的不受影响，要是高于它，那就要按全额来计算缴税数额了。

而对于开商店的个体户老曹，增值税缴税的数额就需要按"起征点"的模式来计算了。老曹商店本月的销售额是 11 万元，对于像他这样的小规模纳税人来说，按现行政策规定，增值税的起征点是月销售额 10 万元，销售额在起征点以内，免征增值税，月销售额 11 万元超过了起征点，老曹就要全额缴税。

个体户销售额超过起征点，则需按全额缴纳增值税

计算个人所得税要先减去免征额

免征额在个人所得税法中表述为减除费用。

《中华人民共和国个人所得税法》 第六条

应纳税所得额的计算：

（一）居民个人的综合所得，以每一纳税年度的收入额减除费用六万元以及专项扣除、专项附加扣除和依法确定的其他扣除后的余额，为应纳税所得额。

（二）非居民个人的工资、薪金所得，以每月收入额减除费用五千元后的余额为应纳税所得额；劳务报酬所得、稿酬所得、特许权使用费所得，以每次收入额为应纳税所得额。

（三）经营所得，以每一纳税年度的收入总额减除成本、费用以及损失后的余额，为应纳税所得额。

（四）财产租赁所得，每次收入不超过四千元的，减除费用八百元；四千元以上的，减除百分之二十的费用，其余额为应纳税所得额。

（五）财产转让所得，以转让财产的收入额减除财产原值和合理费用后的余额，为应纳税所得额。

（六）利息、股息、红利所得和偶然所得，以每次收入额为应纳税所得额。

劳务报酬所得、稿酬所得、特许权使用费所得以收入减除百分之二十的费用后的余额为收入额。稿酬所得的收入额减按百分之七十计算。

个人将其所得对教育、扶贫、济困等公益慈善事业进行捐赠，捐赠额未超过纳税人申报的应纳税所得额百分之三十的部分，可以从其应纳税所得额中扣除；国务院规定对公益慈善事业捐赠实行全额税前扣除的，从其规定。

本条第一款第一项规定的专项扣除,包括居民个人按照国家规定的范围和标准缴纳的基本养老保险、基本医疗保险、失业保险等社会保险费和住房公积金等;专项附加扣除,包括子女教育、婴幼儿护理、继续教育、大病医疗、住房贷款利息或者住房租金、赡养老人等支出,具体范围、标准和实施步骤由国务院确定,并报全国人民代表大会常务委员会备案。

起征点常见于增值税相关条款中,比如:

《财政部 税务总局 关于全面推开营业税改征增值税试点的通知》(财税〔2016〕36号) 第四十九条

个人发生应税行为的销售额未达到增值税起征点的,免征增值税;达到起征点的,全额计算缴纳增值税。

增值税起征点不适用于登记为一般纳税人的个体工商户。

第五十条 增值税起征点幅度如下:

(一)按期纳税的,为月销售额5000-20000元(含本数)。

(二)按次纳税的,为每次(日)销售额300-500元(含本数)。

起征点的调整由财政部和国家税务总局规定。省、自治区、直辖市财政厅(局)和国家税务局应当在规定的幅度内,根据实际情况确定本地区适用的起征点,并报财政部和国家税务总局备案。

税法小课堂

起征点和免征额分别指什么？

起征点和免征额是计算税务时经常使用的两个概念，容易混淆。

免征额是指税法规定的免于征税的数额。当征税金额低于免征额时免税；当高于免征额时只对超过免征额的部分征税。

起征点是指税法规定对征税对象开始征税的最低金额。当低于起征点时免税；当高于起征点时对全部金额征税。

当低于起征点或免征额时，结果都是不纳税；但当高于起征点或免征额时，二者的计税金额是不同的。

高于起征点是对全部金额征税，高于免征额只对超过部分的金额征税。

7 什么是查账征收和核定征收？

前面咱们也说过了，企业和个人都要为自己的所得缴纳税款，即使公司只有一个人也不例外。

那现在就轮到小王伤脑筋了。

小王曾经也是个"996"的打工人，积攒了一点钱之后，他辞去了工作，和妻子一起经营着一家地摊生意，售卖铁板豆腐和狼牙土豆。由于他们制作的铁板豆腐和狼牙土豆口味独特，吸引了很多食客，他们每天的收入高达9000元，一年的收入高达二三百万元。

小王夫妻俩靠自己的努力，打拼出了富足的生活，但在最开始的时候，看着两人辛苦赚来的血汗钱，小王犯起了嘀咕："以前拿的工资都要缴纳个人所得税，而现在自己干起了小买卖，又该怎么缴税呢？"

像小王这样敢于自己打拼的年轻人越来越多，因为并不是所有人都有足够的资本成立公司来大干事业，有时候做些小生意，也能够让不少人逆袭改善自己的生活。像小王这样的经营方式，我们一般称为个体户（即个体工商户的简称）。

想要知道他们该怎么缴税，需要了解两个概念：第一，个体户是一个非法人主体，不涉及企业所得税的缴纳，只需要缴纳增值税和个人所得税；第二，个体户个人所得税的征收方式分为查账征收和核定征收两种征管方式。

查账征收，很好理解，简单来说就是老板在做生意时有规范的账本，能清楚地记录每期的收入、成本和费用，可以按照账本上的利润核算出应缴纳的税额。其缴纳个人所得税的计算公式如下：

应纳所得税额 =（收入 - 成本 - 费用 +/- 纳税调整）× 适用税率

但是作为小吃摊主，小王夫妇的账本不可能顾及每一笔收入和支出，也就是说会计账簿不健全，不能准确地计算出利润。这时候用查账征收的方式可能无法准确核算出应缴纳的税额。所以就需要引入另外一种征税方式——核定征收。

核定征收也有两种具体方式。一种是定期定额征收，即在征收时，按照一定标准和程序，直接核定纳税人每月应该固定缴纳多少税款。比如，某地规定：对于定期定额的纳税人，每月收入不超过 3 万元，免征个人所得税；每月收入超过 3 万元不超过 10 万元，每月征税 300 元。摊主小王夫妇大概率就是采用这种定期定额的核定征收方式。你也许会问，他的月收入已经远远超过 10 万元了，那该怎么办？你要知道，这种收入额的确定，税务局一般情况下是看你的开票金额，即开票多少，税务局就认定你收入额是多少。你平常去小摊上吃个小吃，大概率是不会要求老板开发票的，所以，像小王这对夫妇在现实中可能一分钱的税都不用交，因为大家都不要开票，这样下来开票金额基本上就在免税的范围内，他们既不用交增值税，也不用交个人所得税。当然这样做肯定是不对的,从税法规定来看,无论客户是否需要发票,纳税人都应该按照实际销售收入照章纳税。

另一种核定征收方式是核定应税所得率。这种方式是根据纳税人年度总收入或者成本费用的总发生额,按照预先核定的应税所得率计算缴纳税款。这里的应税所得率,你可以简单理解为利润率,其计算公式为:

$$应纳税所得额 =(收入 - 成本)× 应税所得率$$

$$应纳所得税额 = 应纳税所得额 × 税率 - 速算扣除数$$

比如,按照小王夫妇每天9000元的收入、一年出摊300天计算,他们一年下来的营业额为270万元。假设他们当地税务局设定的饮食业的应税所得率是8%,则计算出来的应纳税所得额,也即利润是270万元×8% = 21.6万元,再查找表1-3,对应表中第3级的税率,经计算,这对夫妇理论上应缴纳的个人所得税为:21.6万元×20% - 1.05万元 = 3.27万元。

表1-3 经营所得适用税率

级数	全年应纳税所得额	税率	速算扣除数(元)
1	不超过30000元的部分	5%	0
2	30001元至90000元的部分	10%	1500
3	90001元至300000元的部分	20%	10500
4	300001元至500000元的部分	30%	40500
5	超过500001元的部分	35%	65500

又根据我国财政部、税务总局在2023年发布的《关于进一步支持小微企业和个体工商户发展有关税费政策的公告》的规定:"2023年1月1日至2027年12月31日,对个体工商户年应纳税所得额不

超过 200 万元的部分，减半征收个人所得税。"据此，小王夫妇最终缴纳的个人所得税额为：3.27 万元 × 50% = 1.635 万元。

所以，小王夫妇如果按照核定应税所得率的征税方式缴税，他们需要缴纳 1.635 万元的个人所得税。另外，他们还需要再缴纳 1%增值税和城建税及教育费附加，金额约为 2.86 万元。综合下来的最终税负约为 1.65%。

核定征收方式仅限于小规模个体户，是税务部门为了提高征管效率而采取的一种征收方式，如果他们将来发展好了，实现了规模化、产业化，像海底捞那样，税务局就会要求他们成立公司，并按照规定进行核算建账，按照查账征收方式进行申报纳税。

小摊小贩并不是不用交税，只是因为收入规模小，也请不起专职财务人员记账报税，因此税务局采用了一种简单的征管方式进行征税。

这也体现了咱们依法纳税的原则。税法面前人人平等，不管是谁，只要收入达到法定标准，就需要依法缴纳税款，这也是每个公民应尽的义务。

税法小课堂

（1）什么是查账征收和核定征收？

查账征收就是企业会计账簿健全，能够正确地核算收入和成本，计算出会计利润，将会计利润进行税会差异调整后，计算出应纳税所得额，并缴纳所得税额。

应纳税额＝应纳税所得额×适用税率－减免税额－抵免税额

对于查账征收，会计核算要求高，税额根据实际经营情况计算得出。

核定征收是因为企业未设置账簿，或者虽设置账簿，但账目混乱或者收入凭证、成本资料、费用凭证残缺不全，难以查账征收，以及由于其计税依据明显偏低等其他原因导致难以确定纳税人应纳税额，此时则由税务机关依法采用合理的方法，在正常生产经营条件下，对其产生的应税产品查实核定量和销售额，然后依照税法规定的税率征收税款。核定征收又可以分为两种：定期定额征收、核定应税所得率征税。

①定期定额征收，俗称"双定户"，是指税务机关对个体户在一定的经营地点、一定的经营范围内、一定的经营期限内的应纳税额或所得额进行核定。这种方法适用于经营地点不固定、财务账册不健全、营业额和所得额难以准确计算的小型商业户和个体户。定期定额征收标准因地而异，差别在于起征点和附征率不同，起征点有的地方规定月度收入不超过3万元（季度不超过9万元），有的地方规定月度收入不超过10万元（季度不超过30万元），而附征率一般在0～1%之间。

②核定应税所得率征税，是指税务机关对于能够正确核算收入，但不能正确核算成本的，或者能够正确核算成本，但不能正确核算收入的，采取"核定应税所得率"的方式征收。由纳税人

根据纳税年度内的收入总额或成本费用等项目的实际发生额,按预先核定的应税所得率计算缴纳个人所得税。各地"核定应税所得率"标准不同,具体以当地公布的为准。表 1-4 为某地公布的不同行业的应税所得率。

表 1-4 不同行业的应税所得率

序号	行业	应税所得率(%)
1	农、林、牧、渔业	3
2	制造业	5
3	批发和零售贸易业	4
4	交通运输业	7
5	建筑业	8
6	饮食业	8
7	娱乐业	15
8	跨境电子商务零售出口企业	10
9	其他行业	4

其计算公式为:

应纳税所得额=收入×应税所得率或成本/(1-应税所得率)×应税所得率

应纳税额=应纳税所得额×对应税率

(2)查账征收和核定征收有什么区别?

查账征收按照企业的账务数据进行申报纳税,适用于会计核算比较健全的纳税人;核定征收适用于规模较小、经营地点不固定、没有账目或者账目记录不完整、不准确的纳税人。

我国目前阶段的企业主体的数量在 1 亿个左右,且其中绝大部分为个体户。鉴于个体户灵活、多样化的经营方式,采用查账征收税款将会耗费大量的人力和物力。因此,对于类似于个体户的小规模纳税人而言,核定征收更加适用,它能够有效降低税收征管成本,减轻税务管理部门工作量。

8 什么是应纳税所得额和应纳税额？

某公司是国家重点高新技术企业。经过一年的努力，该公司取得了良好的业绩。该公司的财务总监小慧正在对年终的财务报表进行审核。

这一年，公司总收入达到了2000万元，扣除1200万元的生产成本和其他相关费用400万元，会计报表利润为400万元。

一般来说，这400万元的利润额就是公司需要缴纳企业所得税的所得数额，也就是应纳税所得额（也即该公司计算缴纳企业所得税的计税依据）。

然而，在年终审核时，小慧却发现了一个重要的细节，那就是在费用核算中，有50万元的费用金额没有发票。

那么麻烦就来了，能够被称为企业合理支出的款项，在《中华人民共和国企业所得税法实施条例》中，每一项都有详细的规定，其中有一项要求就是要有合法合规的税前扣除凭证，实务中最常见的扣除凭证就是发票了。

为什么有了发票才能够进行税前扣除呢？这是因为目前我们国家的税收征管效能是"以票控税"。一般来说，只要销售方或收入方开具了发票，就得进行申报纳税。只有销售方或收入方，也就是对方申报纳税了，我们作为购买方或支付方发生的费用支出才能够在税前列支扣除，否则就会造成国家整体层面的税款流失。

公司的会计小强也是一样的想法。小强说："这50万元的无发票费用不符合税法的扣除标准，所以我们需要对利润进行纳税调整。这部分不符合扣除标准的费用，既然税法不认可，那就把它加回到利润中。"

乍一看，小强的主张使企业很吃亏，但经过核查验证，确实符合税收法律的规定。对于会计核算来说，只要是与公司经营业务相关的真实支出，哪怕没有取得发票，也是可以入账确认的；但是，从税法规定的角度来讲，没有发票就不能够做税前列支扣除。很显然，会计与税法之间产生了差异，这个差异就需要企业进行主动调整。所以最终的解决方式就是，只能由企业来为这一笔无发票支出缴纳相应的税款，实际操作上就是将这笔不符合扣除标准的费用加回到利润中。

于是，小慧公司的应纳税所得额就由原来的400万元增加到450万元，即计算企业所得税额的计税依据由400万元调整为450万元。

正在此时，小慧又向公司研发部进行了确认，公司在年中时对外转让了一项专利技术，获利100万元。

小强说："国家为了鼓励创新，规定了专利转让收入可以免税。这意味着我们最终的应纳税所得额还会减少100万元。"

经过核算，小强报告说："经过调整，我们现在的应纳税所得额不是会计报表上显示的400万元，而是在这个400万的基础上，加上

50万,减掉100万,最后的金额是350万元。"

《中华人民共和国企业所得税法》 第二十二条

企业的应纳税所得额乘以适用税率,减除依照本法关于税收优惠的规定减免和抵免的税额后的余额,为应纳税额。

《中华人民共和国企业所得税法》 第二十八条

符合条件的小型微利企业,减按20%的税率征收企业所得税。

国家需要重点扶持的高新技术企业,减按15%的税率征收企业所得税。

《中华人民共和国企业所得税法实施条例》 第七十六条

企业所得税法第二十二条规定的应纳税额的计算公式为:

应纳税额=应纳税所得额×适用税率-减免税额-抵免税额

公式中的减免税额和抵免税额,是指依照企业所得税法和国务院的税收优惠规定减征、免征和抵免的应纳税额。

小慧补充道："这就是我们需要按照税率计算税款的基础金额，最终公司的应纳税额即 350 万元乘以适用税率。国家对我们高新技术企业设定的企业所得税适用税率为 15%，也就是说，我们最终的应纳税额为 350 万元 × 15% = 52.5 万元。"

小强点了点头。

税法小课堂

应纳税所得额和应纳税额分别是指什么？它们如何计算？

应纳税所得额是指按照税法规定可以征税的利润金额。它需要通过对会计利润的纳税调整来计算。

会计利润是收入减去成本费用，有些成本费用不符合税前列支扣除的规定，不能在计算税前利润时扣除，而有些收入可以享受免税或者不征税的税收优惠政策，这些特殊事项就需要在进行企业所得税汇算清缴时在会计利润的基础上增加或者减少，调整后的金额才是最终的应纳税所得额。

应纳税额就是应纳税所得额按照适用税率进行计算后的税款数额。

应纳税所得额通过纳税调整计算，应纳税额则是在应纳税所得额的基础上按照适用税率计算的结果。前者是后者的计算基础，即应纳税所得额是计算企业所得税（应纳税额）的依据。

第二章　税收缴纳常识

9　我国现行税制下有哪些税种？

不知道大家有没有这种切身经历。

当我们打算购买一个很昂贵的东西时，也许是买车，也许是买手表，往往会被标价吓得"目瞪口呆"——真的是太贵了。当然，也有的店里不会摆出货物标价牌，因为店家也知道，看到价格的人一定会被吓跑，而真正想买他们家东西的人，平时也不会在乎价格。

看着这些价格夸张的商品，大多数人都会在心里犯嘀咕："这玩意儿真的值这么多钱吗？"

其实，很多商品高昂的价格，和它们的做工精度、品质并不一定完全相关，它们的成本中很可能包含了相当高的税款。

比如说小王，他是一位事业有成的年轻人，他打算拿出这些年积攒的部分"血汗钱"，买一辆新车来犒劳一下自己。

常言道，买卖要货比三家，可是，当他看完了一家国产汽车和一家进口汽车品牌的车之后,他发现了一个奇怪的现象:进口汽车的价格高出国产汽车一大截。

"是进口汽车的性能更好吗?"带着疑问,小王询问了销售员,销售员的回答却让小王感到更奇怪了:"两辆车的性能差异其实并不大,但进口汽车的价格就是比国产车价格高。"

为了弄清楚价格差距背后的原因,小王开始了解与购车相关的税收问题。他发现,我国公民在购买国产汽车的过程中,会涉及3个税种:增值税、车辆购置税和车船税。

而在购买进口汽车时,还会涉及关税,目前进口汽车的关税税率为15%。再加上进口汽车的货运成本费用,进口汽车的定价自然会更高一些。

其实,我们不仅是在购买汽车这件事情上要缴纳多种税,在各行各业中,我们也会涉及各类税种。

现行税制下,我国在征的税种有 18 个。我们可以根据这些税种的特点,将它们划分为五大类别,分别是流转税类、所得税类、资源税类、特定目的税类,以及财产、行为税类,详见表2-1。

表 2-1 我国在征税种分类

类别	税种序号	税种	说明	征收方式
流转税类	1	增值税	适用于在我国境内销售货物，或提供加工、修理修配劳务，销售服务、无形资产、不动产以及进口货物的单位和个人	由国家税务总局征收
	2	消费税	对基础环节（生产销售、加工、进口）、批发、零售环节的特定消费品征收的税款，税率与商品的种类、规格、价格等相关	由国家税务总局征收
	3	关税	对进口和出口货物征收的税款，根据商品的种类、原产地和申报价值进行计算	由海关征收
所得税类	4	企业所得税	对居民企业和非居民企业的所得征收的税款，并按照企业实际利润的一定比例（所得税税率）计算税款	由国家税务总局和地方税务部门共同管理、征收
	5	个人所得税	对个人从各种来源取得的9项应税所得征收的税款，税率根据收入水平和适用税率进行确定	由地方税务部门征收
资源税类	6	资源税	对在我国领域和管辖的海域开发销售或自用应税资源征收的税款，税率根据不同资源的种类和开采方式进行确定	由地方税务部门征收
	7	城镇土地使用税	对拥有城镇土地使用权的单位和个人征收的税款，税率根据土地的面积和使用年限进行确定	由地方税务部门征收
特定目的税类	8	土地增值税	对有偿转让国有土地使用权、地上建筑物及其附着物产权所取得的增值额征收的税款，根据土地的增值额和适用税率进行确定	由地方税务部门征收
	9	耕地占用税	对在我国境内占用耕地建设建筑物、构筑物或从事非农业建设所征收的税款，税率根据占用的土地面积和所在地区进行确定	由地方税务部门征收

续表

类别	税种序号	税种	说明	征收方式
特定目的税类	10	城市维护建设税	用于城市基础设施建设和维护的税款，以增值税、消费税"两税"实际缴纳的税额之和为依据	由地方税务部门征收
	11	环境保护税	对企业事业单位和其他生产经营者直接向环境排放的应税污染物征收的税款，根据排污量和环境损害程度进行计算	由污染物排放地的税务机关征收
	12	烟叶税	对我国境内收购烟叶的单位征收的税款	由地方税务部门征收
财产、行为税类	13	房产税	以房屋为征税对象，以房屋的计税余值或租金收入为计税依据，向房屋产权所有人所征收的税款	由地方税务部门征收
	14	车船税	对机动车辆和船舶所有人或管理人征收的年度税款，按照车船种类和排量等因素计算	保险机构代收代缴
	15	契税	对土地、房屋权属转移时，向权属承受人征收的税款，税率根据交易的金额和房产的性质进行确定	由地方税务部门征收
	16	车辆购置税	购买机动车辆时缴纳的税款，按照车辆购置价格的一定比例计算	由国家税务总局征收
	17	印花税	对经济活动中书立、使用、领受具有法律效力的应税凭证（合同、书据、账簿及证券交易）所征收的税款	由地方税务部门征收
	18	船舶吨税	对自境外港口进入境内港口的船舶征收的税款	由海关征收

在这五大税收类别中，流转税类是对商品交易、服务流转等经济行为征收的税款，其特征是以商品和服务的交易额为税基，按一定的

税率征收；所得税类是对个人、企业或其他组织的所得额或利润额征收的税款；资源税类主要是对开发、利用和占有国有自然资源的单位和个人征收的税款；特定目的税类主要是为了达到特定目的，对特定对象发挥调节作用而征收的税款；财产、行为税类主要是对个人或企业的财产净值，以及特定行为而征收的税款。

对于小王而言，购买汽车不仅仅意味着缴纳一次性的购车税费，还需要考虑使用过程中各种税费的支出。具体应该怎么选择，还得考虑自己的主观意见和买车的目的。

不过，无论价格高低，大多数人还是希望自己的钱能够体现在车的性能上。毕竟，性价比高，才是真的强。

税法小课堂

（1）我国目前有哪些种类的税收？

现行税制下我国在征的税种有18个，分别是：增值税、消费税、关税；企业所得税、个人所得税；资源税、城镇土地使用税；土地增值税、耕地占用税、城市维护建设税、环境保护税、烟叶税；房产税、车船税、契税、车辆购置税、印花税、船舶吨税。

依据性质的不同，它们可以划分为流转税类，所得税类，资源税类，特定目的税类和财产、行为税类这五大类别。

（2）这18个税种可以给企业经营带来哪些启示？

①认识企业经营中需要承担的不同税种责任，有助于企业进行合理的财务规划和管理。

②不同税种对企业的经营成本产生直接或间接的影响，企业需要综合考虑税收成本，并在经营决策中加以考虑，通过降低税负来优化企业经营成本。

③遵守税法规定是每个企业应尽的义务，企业老板需要了解各项税收法规和义务，确保企业的财务和税务管理合法合规，以避免税务风险和法律纠纷。

④税法中也存在一些针对企业的优惠政策，企业可以根据自身情况合理规划经营活动，以最大限度地利用这些优惠政策，减轻税负。

⑤企业可以结合自身经营情况，进行合理的财务规划和税务筹划，以最大限度地优化企业财务状况。

10 浅谈增值税：企业如何缴纳增值税？

企业需要缴纳增值税，说起来很简单，但由于企业存在的形式和规模多种多样，做起来并非易事。为此，国家为不同的企业规定了不同的征税标准和计税方法。

但即便如此，也不是所有企业立刻就能够对号入座的，这不，小杰今天就来忙了。

小杰是一位税务顾问。工作期间，他收到了来自三家不同规模企业的求助，希望了解和选择适当的增值税纳税人身份。

首先是一家书店"梦里书声"。书店老板说："我每个月图书的销售额都在 10 万元左右，我该如何报税呢？"

小杰拿出资料："你的书店税务登记属于小规模纳税人。增值税是按照商品或服务增加的价值来征收的。根据你的情况，只要每月销售额在 10 万元以内并开具增值税普通发票，就可以免征增值税。但如果你的销售额超出了这个范围，根据政策规定，原本按照 3% 的征收率减按 1%来缴纳增值税。比如，你一个月销售额 20 万元，那么按照 1%的征收率来算，则该月只需缴纳 2000 元的增值税。"

接着，一家中型餐饮企业的财务经理前来咨询。他说："我们今年的营业额预计将超过 2000 万元，而且经营涉及很多生活性服务业，我该怎么缴税呢？"

小杰翻阅了一下资料后，分析道："你们企业符合一般纳税人的标准，你们提供的主营业务是生活性服务业，所以销售额应按照 6%的税率计算并缴纳增值税。更有利的是，你们公司取得的进项税额可以从应纳税额中扣除。而且，你们还可以按照当期可抵扣进项税额的 10%来加计抵减应纳税额。"

最后，一家公司的负责人来找小杰咨询："我们是一家大型企业的子公司，主要负责企业产品的研发和生产。税务方面应该如何处理呢？"

小杰认真地说："子公司应当根据其实际的经营活动来确定是小

规模纳税人还是一般纳税人。如果你们子公司主要生产和销售的是一般货物,那税率就是13%。重要的是,你们可以享受到进项税额的抵扣。"

> 《中华人民共和国增值税暂行条例》第二条及《关于深化增值税改革有关政策的公告》(财政部 税务总局 海关总署公告2019年第39号)中对增值税税率的具体规定如下。
>
> 增值税税率:
>
> (一)纳税人销售货物、劳务、有形动产租赁服务或者进口货物,除本条第二项、第四项、第五项另有规定外,税率为13%。
>
> (二)纳税人销售交通运输、邮政、基础电信、建筑、不动产租赁服务,销售不动产,转让土地使用权,销售或者进口下列货物,税率为9%:
>
> 1. 粮食等农产品、食用植物油、食用盐;
>
> 2. 自来水、暖气、冷气、热水、煤气、石油液化气、天然气、二甲醚、沼气、居民用煤炭制品;
>
> 3. 图书、报纸、杂志、音像制品、电子出版物;
>
> 4. 饲料、化肥、农药、农机、农膜;
>
> 5. 国务院规定的其他货物。
>
> (三)纳税人销售服务、无形资产,除本条第一项、第二项、第五项另有规定外,税率为6%。
>
> (四)纳税人出口货物,税率为零;但是,国务院另有规定的除外。
>
> (五)境内单位和个人跨境销售国务院规定范围内的服务、无形资产,税率为零。
>
> 税率的调整,由国务院决定。

税法小课堂

（1）增值税在整体税收中的地位

重要性方面：

①主体税种地位。

从收入规模来看，长期以来增值税是我国税收收入的重要来源，在税收总收入中占比最高。

增值税涉及众多行业和经济领域，对经济活动的调节和财政收入保障起到基础性作用。

②经济调控作用。

增值税对生产、流通和消费等各个环节进行征税，影响企业的成本和定价等，进而影响经济运行态势。

增值税引导产业结构调整，如不同税率的设置可以引导资源在不同行业间的配置。

③国际税收方面。

增值税是国际贸易中重要的间接税税种，影响进出口商品的价格和竞争力。

出口退税政策等与增值税相关的制度，对我国的对外贸易格局产生重要影响。

与其他税种的关联：

①与企业所得税等直接税。

增值税影响企业的收入和成本核算，进而影响企业所得税的税基。

在企业考虑综合税负时，增值税是重要因素之一，与企业所得税等共同决定企业的税收负担。

②与消费税。

部分商品既要缴纳增值税，又要缴纳消费税。增值税是普遍征收的税种，消费税是在增值税基础上对特定商品再征收的调节性税种。

③与其他小税种。

城市维护建设税等附加税费以增值税为计税依据，增值税的变动会带动这些小税种的收入变动。

（2）增值税的税率和征收率有什么区别？

增值税的税率和征收率是两个不同的概念。税率是对所有纳税人适用的标准比例，用来计算应纳的增值税额；而征收率则是针对某些特定纳税人或经济行为的优惠税率。

税率是用来计算应缴税款的基本百分比。例如，如果一个商品的税率是13%，那么对于100元的销售额，应纳的增值税为13元。

征收率通常用于特定的纳税人群体或特定的经济行为，作为一个优惠税率。征收率通常低于标准税率。

小规模纳税人在特定条件下可能享有一个征收率，这通常是一个比标准税率更低的百分比。例如，小规模纳税人可能面临3%的征收率，而标准税率可能是6%、9%、13%等。

（3）小规模纳税人、一般纳税人、分子公司增值税的征收率和税率是怎样的？

①小规模纳税人。

小规模纳税人的征收率为3%。但是小规模纳税人取得的进项税额不得从应纳税额中抵扣。

②一般纳税人。

一般纳税人的税率根据销售的商品或提供的服务的性质而有所不同。例如：

销售或进口的一般货物：13%。

销售或进口的书籍、报纸、杂志等：9%。

销售的公共交通服务、邮政服务、增值电信服务、建筑服务、不动产租赁和销售、旅馆、餐饮、会议及娱乐服务等：6%。

一般纳税人取得的进项税额可以从其应纳税额中抵扣。

③分子公司。

通常，按照分子公司实际的经营活动来确定其为小规模纳税人还是一般纳税人，并按照相应的税率或征收率进行增值税征收。

（4）对于小规模纳税人和一般纳税人而言，有哪些增值税优惠政策的新规？

①对于小规模纳税人。

截至2027年12月31日，当达到以下三个条件时，则可以免征增值税：

A. 月销售额小于10万元（或按季申报季度销售额<30万元）；

B. 开具增值税普通发票；

C. 办理了税务登记（含临时登记）。

此外，对于适用3%征收率的销售收入，增值税减按1%征收率。

②对于一般纳税人。

自2023年1月1日至2027年12月31日，允许先进制造业企业按照当期可抵扣进项税额加计5%抵减应纳增值税税额。

自2023年1月1日至2027年12月31日，允许集成电路设计、生产、封测、装备、材料企业，按照当期可抵扣进项税额加计15%抵减应纳增值税税额。

自2023年1月1日至2027年12月31日，对生产销售先进工业母机主机、关键功能部件及数控系统的增值税一般纳税人，允许按当期可抵扣进项税额加计15%抵减企业应纳增值税税额。

（5）增值税未来的改革方向

税制优化方面：

①简并税率档次。

目前，我国增值税税率有四档（13%、9%、6%和 0）。多档税率增加了税收管理和遵从成本以及复杂性，有必要进一步简化和统一，减少税率差异，实现税制公平。可考虑将 13%和 9%两档合并为 10%（或 11%）左右，将 6%档降低为 5%（或 4%）左右，保留0档。

②扩大抵扣范围。

取消或放宽对餐饮、娱乐、借款利息等的抵扣限制。

探索将部分人力资本支出、研发创新活动中涉及的相关成本等纳入抵扣范围，以激励企业创新。

征管完善方面：

①加强信息化建设。

利用大数据、人工智能等技术，全面推进税收的网络建设，建设税收信息系统，实现纳税人数据动态共享。

精准识别和管控税收风险，提高税收征管效率和准确性。

②完善跨境征管。

随着经济全球化和跨境电商等贸易新业态的发展，应完善跨境增值税的征收管理机制，明确跨境服务贸易等应税行为的增值税处理。

③协调区域征管差异。

减少不同区域在税收征管执行过程中可能存在的不合理差

异，保障税收政策执行的统一性和公平性。

协调发展经济方面：

①助力产业升级。

对新兴战略产业、高端制造业等实行更加优惠的增值税政策，如多档税率合并过程中优先降低这些行业的增值税负担。

对国家鼓励的绿色低碳产业等给予增值税优惠政策支持，促进其快速发展。

②支持中小微企业。

可以考虑进一步提高对中小微企业的增值税起征点或免税额度。

简化中小微企业增值税申报和缴纳程序等。

立法及制度完善层面：

①推进增值税立法。

目前，增值税法草案已经提请审议，应加快立法进程，明确增值税征收的法律规范、权利义务等，提高税收法律的权威性和稳定性。

②优化留抵退税制度。

简化留抵退税申报材料，缩短留抵退税审批时间，加强留抵退税监管和服务等。

完善留抵退税的长效机制，如探索留抵税额的跨期结转等。

总之，增值税改革是一个系统性工程，需要综合考虑经济、社会、财政等多方面因素，在不断完善税制、加强征管、促进经济协调发展等多方面协同推进，以更好地适应新时代我国经济高质量发展的要求。

11 浅谈企业所得税：如何缴纳企业所得税？

杨先生是一家公司的老板，他的公司近期业绩喜人，盈利颇丰。赚钱的同时，杨先生也牢记纳税的义务，正好得闲，自己就计算起应缴纳的税款来了。

单纯只算税率的话，其实很简单。企业所得税是国家针对企业的利润额所征收的一种直接税。根据我国企业所得税法，其法定税率是25%。

> 《中华人民共和国企业所得税法》 第四条
>
> 企业所得税的税率为25%。
>
> 非居民企业取得本法第三条第三款规定的所得，适用税率为20%。

"25%的税率真是不低啊。"杨先生不禁感叹，对于他们这个百十来号人的小公司而言，一点点支出的负担都有可能影响资金的正常周转。

杨先生公司的财务顾问方老师很快就了解到了杨先生的担忧。

方老师说:"其实,你的企业已经算是小型微利企业了。国家针对小型微利企业是有一些企业所得税的优惠政策的。像你的企业从事的是国家非限制和禁止行业,公司资产总额比较小,并且你公司的年应纳税所得额少于 300 万元,人数也少于 300 人,可以只按照 20%的税率缴纳企业所得税,同时还可以将应纳税所得额减按 25%计入,以减轻税负。"

这么一米,杨先生公司的税务负担的确是减轻了不少。热心的他马上又开始关心起自己的朋友来:"方老师,我有个朋友开了一家高新技术公司,他们的税率是怎样的呢?"

方老师回答道:"高新技术企业可以享受 15%的优惠税率。但高新技术企业需要满足较高要求,而且每三年要进行复核审查。因此,不同类型的企业可以根据自己的实际情况,享受适用的企业所得税政策。"

税法小课堂

（1）我国企业所得税的法定税率是怎样的？

根据《中华人民共和国企业所得税法》的规定，企业所得税的法定税率为 25%。这意味着一般企业需要按照这一税率来缴纳所得税。

（2）我国高新技术企业的企业所得税税率是怎样的？

高新技术企业（也被称为高技术企业或高新技术产业开发区的企业）可以享受所得税优惠。这类企业的企业所得税税率为 15%，是一个优惠的税率。

高新技术企业需要满足一系列的资格条件，包括但不限于：在核心自主知识产权、研发人员数量、研发费用、技术成果、技术收入等方面达到规定的标准。

被认定为高新技术企业后，企业需要每三年进行一次复核，确保仍满足条件。

（3）对于小型微利企业而言，有什么企业所得税优惠政策？

对于小型微利企业，如果同时满足以下 4 个条件，则缴纳企业所得税时可享受"年应纳税所得额减按 25%计算""按 20%的优惠税率计算缴纳企业所得税"等两项优惠。

①从事国家非限制和禁止行业；

②符合年度应纳税所得额<300 万元；

③符合从业人数<300 人；

④符合资产总额<5000 万元。

（4）企业所得税改革方向

①税率方面。

A. 适度降低税率。

- 从国际比较来看，部分国家和地区在持续降低企业所得税税率以提升竞争力。我国也可以根据宏观经济形势、财政收支平衡、企业发展需求等因素，在一定程度上进一步适度降低基本税率。比如，探讨进一步向20%甚至更低靠近的可能性。

• 对于中小微企业、创新型企业等特殊群体，可以设置更优惠的税率档次。

B. 税率结构优化。

• 可以考虑对不同行业、不同规模企业实行差异化税率体系。比如，对国家重点扶持的战略新兴产业、高科技产业、绿色产业等，即使在一般税率降低情况下，仍保持相对较低税率甚至出台更优惠的特别税率政策；而对于高污染、高耗能等限制类产业适当提高税率。

• 对于不同盈利水平的企业，可以探索类似超额累进税率机制（虽然目前不太常见），对利润微薄的企业给予更多税收扶持。

②税基方面。

A. 完善扣除政策。

• 进一步扩大研发费用加计扣除范围和比例，除传统研发活动外，对数字化转型研发投入、基础研究投入等给予特殊优惠。

• 提高职工教育经费扣除标准，鼓励企业培养人才。

• 对企业环保投入、安全生产投入等实行专项扣除或加速扣除。

• 对中小微企业的利息支出等运营成本的扣除标准适当提高。

B. 资产税务处理调整。

• 对于固定资产折旧，可以在更多行业和领域允许采用加速折旧法缩短折旧年限等。

- 对于无形资产摊销期限，特别是符合国家鼓励方向的无形资产（如专利技术等），适当缩短摊销年限以鼓励创新成果转化。

③税收优惠与引导政策方面。

A. 鼓励创新和科技进步。

- 除研发方面外，加大对科技成果转化阶段的税收优惠力度，如对技术转让所得给予更大优惠。

- 对高新技术企业认定标准进行动态优化，让更多有创新实力但不完全符合传统认定标准的企业享受优惠。

B. 支持中小微企业发展。

- 持续加大对中小微企业的所得税优惠力度，如提高年应纳税所得额标准（目前是 300 万元以内部分有优惠政策）、降低税率等。

- 对初创企业给予更长的免税期或减税期。

C. 促进区域协调发展。

- 对于落后地区、特殊经济区域（如中西部重点开发区域、革命老区等）的企业给予特殊的所得税优惠政策，引导企业进行投资和产业布局。

D. 引导绿色发展。

- 对企业实施的节能减排项目所得、使用可再生能源等给予税收减免。

- 对碳排放超标的企业考虑征收碳税或者在所得税方面给予一定限制。

④征管方面。

A. 强化跨境税收管理。

- 完善对跨国企业利润转移、避税行为的监管和反避税措施，加强国际税收合作和情报交换。

• 明确跨境电商等新兴跨境贸易模式下的企业所得税征管办法。

B. 简化办税流程。

• 进一步简化企业所得税纳税申报流程和报表体系，利用数字化手段实现智能办税。

• 对优惠政策享受流程进行简化，减少企业申请优惠的行政成本。

C. 大数据应用。

• 利用大数据分析企业经营和纳税行为，进行风险预警和精准税收服务。

• 实现与其他部门如工商、海关、银行等数据的深度融合，提升征管效率和准确性。

⑤与其他政策协同方面。

A. 与产业政策协同。

• 紧密配合国家产业发展规划，对于产业政策鼓励发展的产业，企业所得税改革给予配套支持。

B. 与就业政策协同。

• 对吸纳就业人数多、就业困难人员比例高的企业给予所得税优惠激励。

C. 与宏观经济政策协同。

• 在经济周期不同阶段，通过所得税政策调整来稳定经济，如经济下行期实施更大力度的减税政策。

12 浅谈个人所得税：如何缴纳个人所得税？

小何是一位名副其实的"斜杠青年"。他不仅是一名勤奋的上班族，在他的空余时间，他还有着很多身份。

他在一家知名公司上班，每月有稳定的工资收入。同时，作为一名资深企业财务顾问，他经常被各大企业特聘为培训讲师，分享财税知识，并从中获得不菲的劳务报酬。另外，小何的文笔也不错，也经常为各大媒体和公司撰写文案，从而获得令人惊喜的稿酬。

周末时，他的私家车经常出租给同事出游，获得额外收入。此外，他手头上还有几套房产和一些企业的股权，通过在特定的时机转手买卖，他也获得了可观的财产转让收入。

但随着收入渠道的不断增加以及"吸金"能力的逐渐提升，小何也开始慢慢感到困惑：这些五花八门的收入，到底如何合规地缴纳个人所得税呢？

《中华人民共和国个人所得税法》 第十条

有下列情形之一的，纳税人应当依法办理纳税申报：

（一）取得综合所得需要办理汇算清缴；

（二）取得应税所得没有扣缴义务人；

（三）取得应税所得，扣缴义务人未扣缴税款；

（四）取得境外所得；

（五）因移居境外注销中国户籍；

（六）非居民个人在中国境内从两处以上取得工资、薪金所得；

（七）国务院规定的其他情形。

扣缴义务人应当按照国家规定办理全员全额扣缴申报，并向纳税人提供其个人所得和已扣缴税款等信息。

《中华人民共和国税收征收管理法》 第六十二条

纳税人未按照规定的期限办理纳税申报和报送纳税资料的，或者扣缴义务人未按照规定的期限向税务机关报送代扣代缴、代收代缴税款报告表和有关资料的，由税务机关责令限期改正，可以处二千元以下的罚款；情节严重的，可以处二千元以上一万元以下的罚款。

个人所得税共有9个所得税目,这9个所得税目可以划分为三类,即综合所得、经营所得、分类所得。想要厘清小何的个税缴纳,我们还得一项一项来看。

首先,我们来看一下他的工资、薪金。我们可以参考工资的个人所得税计算公式进行计算:

$$个人所得税税额 = 应纳税所得额 \times 税率 - 速算扣除数$$

先是小何的税前工资,扣除自己承担(公司代扣)的社保和公积金,然后减去每月5000元的固定减除费用。除此之外,再减去他的专项附加扣除,以及其他符合规定的扣除(如果有),这样一算,得到的结果就是应纳税所得额了。

那讲课费和稿费呢?这两项是劳务报酬所得和稿酬所得。但小何不需要单独为这两项所得缴税,它们会与小何的工资、薪金所得合并到一起,统一归入"综合所得",然后一起计算税款。

小何周末租车取得的所得则属于"财产租赁所得",需要按照相关的税率来独立申报缴税。

小何卖房和股权的那部分收入是"财产转让所得",需要按照相关的税率来申报缴税。

在条件允许的情况下,适当通过副业来增加收入,不失为改善生活的一种好方法,但每次有新的所得时,都要及时前往税务局进行纳税申报,以免遭受罚款。

税法小课堂

(1)哪些收入需要缴纳个人所得税?

①工资、薪金所得。

个人因任职或受雇而取得的工资、薪金、奖金、年终加薪、劳动分红、津贴、补贴以及与任职或受雇有关的其他所得。

②劳务报酬所得。

个人从事设计、装潢、安装、制图、化验、测试、医疗、法律、会计、咨询、讲学、翻译、审稿、书画、雕刻、影视、录音、录像、演出、表演、广告、展览、技术服务、介绍服务、经济服务、代办服务以及其他劳务取得的所得。

③稿酬所得。

个人因其作品以图书、报纸形式出版、发表而取得的所得。

④特许权使用费所得。

个人提供专利权、商标权、著作权、非专利技术以及其他特许权的使用权而取得的所得。提供著作权的使用权取得的所得，不包括稿酬所得。

⑤经营所得。

A. 个体工商户从事生产、经营活动取得的所得；个人独资企业投资人、合伙企业的个人合伙人来源于境内注册的个人独资企业、合伙企业生产、经营的所得。

B. 个人依法从事办学、医疗、咨询以及其他有偿服务活动取得的所得。

C. 个人对企业、事业单位承包经营、承租经营以及转包、转租取得的所得。

D. 个人从事其他生产、经营活动取得的所得。

⑥利息、股息、红利所得。

个人拥有债权、股权等而取得的利息、股息、红利所得。

⑦财产租赁所得。

个人出租不动产、机器设备、车船以及其他财产取得的所得。

⑧财产转让所得。

个人转让有价证券、股权、合伙企业中的财产份额、不动产、机器设备、车船以及其他财产取得的所得。

⑨偶然所得。

个人得奖、中奖、中彩以及其他偶然性质的所得。

以上9类个人收入又可以分为三大类进行税务的缴纳。

• 第一类：综合所得（4个小类）。

工资、薪金所得；

劳务报酬所得；

稿酬所得；

特许权使用费所得。

• 第二类：经营所得（1个小类）。

经营所得。

• 第三类：分类所得（4个小类）。

利息、股息、红利所得；

财产租赁所得；

财产转让所得；

偶然所得。

（2）工资个人所得税怎么计算？

计算公式：个人所得税税额＝应纳税所得额×税率－速算扣除数

注1：应纳税所得额＝税前工资收入金额－个人承担的三险一金－专项附加扣除－其他扣除－减除费用5000元/月。

注2：个人承担的三险一金，是指养老保险、医疗保险、失业保险以及住房公积金，也称为专项扣除。

注3：专项附加扣除包括7项，具体为赡养老人、子女教育、3岁以下婴幼儿照护、继续教育、住房贷款利息、住房租金、大病医疗。

（3）不申报个人所得税，会有什么后果？

如果纳税人未在规定期限内申报个人所得税，税务机关有权责令其限期改正。如果纳税人拒不改正，税务机关可以对其处以两千元以下的罚款。情节严重的，罚款金额可以上调至两万元以下。

除了缴纳罚款，纳税人还需补缴逃避的税款。税务机关也会加收滞纳金。

多次违法不报的纳税人还可能会被税务机关列入失信名单，受到联合惩戒。极端严重案例还可能构成税收犯罪，被移送司法机关处理，面临刑事处罚。

（4）个人所得税改革方向。

①扩大统一监管范围方面。

最近的个税App更新了，除了综合所得的四项所得，还增加了经营所得，利息、股息、红利所得，财产租赁所得和偶然所得，这意味着像房东的租赁收入以及小餐厅、小商店的经营所得收入这类征管复杂、难度大的所得项目将统一纳入监管范围，提升公平度。

②税率结构优化方面。

A. 中短期内可能简化综合所得税率级次，如从七级超额累进税率结构简化至五级左右。

B. 长期来看，综合所得最高边际税率45%可能会进一步降低，以减少对劳动所得的税收惩罚，鼓励劳动创造财富。

C. 缩小分类所得与综合所得、经营所得的税率差。

③征管方面。

A. 信息共享与监管强化。

a. 进一步加强与金融机构、不动产登记部门、民政部门、教育部门等相关机构的信息共享,准确掌握纳税人的利息股息红利、房产、婚姻、子女教育等信息,防止税收流失。

b. 对高收入群体的多元化收入来源加强监管,如对明星、网红等利用税收洼地和经营所得核定征收等避税行为进行持续打击。

B. 申报服务优化。

a. 进一步简化个人所得税综合所得汇算清缴流程和申报表单等,提高纳税人办税体验。

b. 利用大数据和智能技术,精准推送个性化的税收政策和申报提醒等服务。

④与其他政策协同方面。

A. 鼓励生育和人口发展。

加大个人所得税在生育、养育、教育成本方面的抵扣力度,如进一步提高3岁以下婴幼儿照护和子女教育专项附加扣除标准,甚至建立生育补贴制度等。

B. 国际协调。

a. 随着国际人才流动日益频繁,对于境外所得税收抵免等规则进一步优化和明确,避免双重征税和不合理的税收负担。

b. 加强与其他国家在个人所得税征管方面的合作和信息交换,打击国际逃避税行为。

⑤其他方面。

A. 立法完善。

加快推进个人所得税法的进一步完善,对改革成果及时以法律形式固定下来，明确界定各类收入、扣除、税率适用等法律边界和责任。

B. 纳税意识提升。

a. 加强税收宣传和教育，增强公民依法纳税意识，促进纳税人自觉、准确、如实申报纳税。

b. 通过奖励诚信纳税行为等措施营造良好的纳税环境和氛围。

13 浅谈其他税种：生活中有哪些事情与税收息息相关？

前面我们讲了很多有关税务的基础知识，有读者肯定会觉得，纳税这个事好像很复杂。税务出了问题，后果貌似也会很严重。

其实，对于普通人来说，日常每一次消费和决策，都与税务息息相关，只是并不需要我们花费太多的精力去计算它而已。

我们拿小张举个例子。

早上，小张从家里开车前往公司上班。在途中，他顺便去加油站给车子加了汽油，而汽油的价格中就包含了消费税。

其实，不仅仅是汽油，我们在购买白酒、奢侈品时，都需要缴纳消费税。这些产品的价格之所以偏高，很大一部分原因是受消费税的影响。

不过小张这回可没有买酒，毕竟"开车不喝酒，喝酒不开车"。

到了公司，小张和业务部的同事讨论公司新签订的一份业务合同。业务部的小刘提醒他："这份合同我们需要缴纳印花税。"公司在书立、使用、领受具有法律效力的合同、书据、账簿及证券交易等经济活动中，都会涉及印花税。

中午，小张和同事去吃饭。他们谈起了新开的商场、餐厅，想到城市的发展离不开城市维护建设税。这是企事业单位和个人在购买商品或者接受加工、修理修配劳务、服务时所支付的增值税、消费税的附加税种。

工作结束后，小张回到家中，他打算在网上购买一款从海外进口的新型数码产品。他购买进口产品时需要支付相应的关税。关税为国内产业提供了一定的保护，防止外国商品大量涌入而对本国产业造成冲击。

最近，由于房价下跌，小张和家人还打算购买一套新房，将来供孩子所用。而在房产交易中，买卖双方还可能会涉及土地增值税、房产税、城镇土地使用税、契税等多种税收。这些税收都与土地的使用、房屋的买卖、土地的增值有关，为国家提供了一大笔财政收入。

在小张的日常生活中，税收无处不在。理解和合法合规地纳税是每一位公民的责任和义务。只有明白税收的重要性，我们才能更好地为国家和社会作出贡献。

税法小课堂

（1）除增值税、企业所得税、个人所得税外，其他税种的特点和申报注意事项如表 2-2 所示。

表 2-2　其他税种的特点和申报注意事项

序号	税种	特点	申报注意事项
1	消费税	针对特定的消费品，如烟、酒、奢侈品、高档化妆品等征收，与产品的消费有关	生产或进口这些特定消费品的单位或个人需要纳税
2	资源税	对自然资源的开采、销售或自用进行征税，如矿产、水资源等	开采资源的企事业单位需根据开采量纳税
3	城市维护建设税	以缴纳的增值税、消费税为基数征收的附加税	在缴纳增值税或消费税后，需额外支付此税
4	印花税	对企事业单位和个人在经济活动中书立、使用、领受具有法律效力的应税凭证（合同、书据、账簿及证券交易）征税	签订凭证或进行相关经济活动时缴纳
5	车辆购置税	针对购买的车辆征税	车辆购买时由购车者一次性支付
6	车船税	对持有机动车和船舶的个人或单位征税	通常按年缴纳
7	烟叶税	对我国境内收购烟叶的单位征收的税款	烟草生产、销售企业应当在收购烟叶时按规定纳税
8	环境保护税	对排放到环境中的污染物征税	污染企业按其排放的污染物种类和数量纳税
9	房产税	对房屋产权所有人征税	通常按年缴纳，基于房产的评估价值缴纳
10	城镇土地使用税	对使用城镇土地的单位和个人征税	根据使用土地的面积和用途缴纳

续表

序号	税种	特点	申报注意事项
11	土地增值税	对有偿转让国有土地使用权、地上建筑物及其附着物产权所取得的增值额征税	在土地转让时,根据增值额度缴税
12	契税	土地、房屋权属转移时,向权属承受人征收的税款	交易完成时,由产权承受方缴纳
13	耕地占用税	对占用或改变耕地用途的行为征税	占用或改变耕地用途时,根据土地面积和用途缴税
14	关税	对进口、出口商品征税	进口或出口商品时,根据商品类型和价值缴税
15	船舶吨税	对自境外港口进入境内港口的船舶征税	船舶入港时,根据船舶吨位缴纳

（2）消费税的改革方向。

①征收环节方面。

持续推进征收环节后移。目前绝大部分消费税税目征收在生产环节,后移到批发或零售等消费环节能更好地反映商品真实消费情况。

• 对地方政府而言,有利于补充地方税收收入来源,完善地方税收体系建设。

• 从消费端征税也能引导地方政府改善消费环境、促进消费升级等。

• 对于税务部门而言,征管可控性增强,因为消费数据相对生产数据更易追踪和掌握。

②征收范围方面。

A. 动态调整税目。

• 增加新税目:随着经济发展和消费升级,一些新兴的高消费产品和服务如私人飞机、高档家具、高端会所消费、豪华游轮旅游等可适时纳入征收范围。将对环境造成较大负面影响的产品如部分一次性塑料制品等纳入征收范围。

• 去除或调整部分税目：对于一些已成为大众日常消费、失去"特殊调节意义"的产品（如过去的普通化妆品等）可以考虑不再征税或降低税率档次。

B. 优化现有税目结构。

• 对不同污染程度、能耗水平的应税产品进行细分，比如在成品油下细分更多品类，根据其不同环保属性施行不同税率。

• 对于不同等级的奢侈品（如入门级奢侈品和顶级奢侈品等）可以细化税目分类。

③税率方面。

A. 差别化税率调整。

• 对鼓励消费的产品和行业适当降低税率，如一些绿色、环保、节能的新兴产品，以引导消费方向。

• 对于限制类的如高污染、高耗能、奢侈品等行为和产品，在现有基础上根据实际情况提高税率，增强消费税调节功能。

• 对新纳入征收范围的应税对象合理设定税率。

B. 与其他政策配合调整税率。

• 结合国家节能减排、碳达峰、碳中和等目标，对碳排放量大的产品或相关消费行为提高税率。

• 当与其他税种改革协同推进时（如增值税税率调整等），相应调整消费税税率以维持合理的税负结构。

④央地关系方面。

A. 收入分配调整。

随着征收环节后移，稳步下划地方一定比例的消费税收入，可以提升市县财力与事权相匹配的程度，增加地方自主财力。

• 明确中央与地方对不同税目的收入分成比例等细节。

• 地方政府可以利用这部分资金更好地服务地方经济发展、优化公共服务等。

B. 征管责任划分。

• 中央和地方明确在消费税征管流程中各自的职责和权限。

• 地方税务部门可能需要加强对消费数据采集、分析等征管能力的建设，中央税务部门则侧重于宏观指导和协调。

⑤管理和服务方面。

A. 信息化建设。

利用大数据、区块链等技术，对消费税应税商品和服务从生产到消费全流程进行监控和数据采集，提高征管效率和准确性。

B. 国际协调。

• 对于跨境应税商品和服务，明确消费税征收规则，避免双重征税或税收漏洞。

• 参考国际上消费税的发展趋势和经验，优化我国消费税制度。

C. 政策评估与优化。

建立消费税政策评估机制，定期对消费税改革措施的实施效果进行评估，以便及时调整和优化政策。

第三章　税收征管常识

14　税务机关的职责和权力有哪些？

如果你经过税务局的门口，很可能会看到八个大字：为国聚财、为民收税。

简单的八个字，把税务局的职责概括得一清二楚。有人戏称，娱乐圈真正的管理单位就是税务局，不管你是什么大明星大网红，只要跟税过不去，必定会走向事业的"滑铁卢"。

大家都知道，税务机关征税是为了保证国家这个庞大机器的正常运转，是为了民生福祉。那税务机关通常所做的工作是什么呢？税务机关又有哪些权力呢？

简而言之，税务机关主要的工作有两项：征税和查税。征税包括面向企业和个人征收税金，这部分税金征收上来以后就收归到国库中；查税的目的是找出偷税、漏税的人，让他们把没有缴纳的税款补缴上来，同时对这种偷税、漏税的行为作出相应的处罚。

事实上，我们会经常在网上看到某某人或某某公司被查税的新闻，这个查税的主体，就是税务机关。

举例来说：

明星小花和甲公司就某电视剧的拍摄达成了合作协议，小花为了少缴税，便与公司签订了"阴阳合同"，被群众发现后举报到了市税务局，市税务局立即进行了立案调查，查明情况属实，最终向小花追回了其应缴纳的税款。

在这个案例中，市税务局就是在执行自己的查税职能。当然，偷税的小花不但要将没有缴纳的税款补缴上来，而且受到了应有的惩罚。

国家的运转需要税收，所以国家赋予税务机关依法征税的职能。相应地，作为国家公民的我们，理应自觉遵守税收管理规定，坚持依法纳税，而别有用心的偷税、漏税者，最终也逃不开法律的制裁。

《中华人民共和国税收征收管理法》 第五条

国务院税务主管部门主管全国税收征收管理工作。各地国家

> 税务局和地方税务局应当按照国务院规定的税收征收管理范围分别进行征收管理。
>
> 地方各级人民政府应当依法加强对本行政区域内税收征收管理工作的领导或者协调，支持税务机关依法执行职务，依照法定税率计算税额，依法征收税款。
>
> 各有关部门和单位应当支持、协助税务机关依法执行职务。
>
> 税务机关依法执行职务，任何单位和个人不得阻挠。

小花"塌房"了，小花的粉丝很是不服："我家姐姐偷税了，那你们税务局就有权力随便规定该缴多少税了？"

粉丝维护偶像的心情可以理解，但是要明白作为国家机关，税务局是按照国务院规定的税收征管范围去推进工作的，征收的税额也是依据法定税率进行计算的。所以，无论是单位还是个人，都应该积极支持、协助税务机关依法履职。

税务机关的职权范围包括税收的征收管理、制定征税的管理办法、稽查监督纳税人税务申报情况、依法核定纳税人应缴的税额、对外公布违法纳税的行为及情况、依法追缴未足额缴纳的税额等。

依照这些职权范围，市税务局对小花应缴纳的税款进行了依法核定，随后又对其纳税状况展开了现场稽查，在确定她存在违法偷税的行为后，才向社会公众公布她的违法偷税行为，警示有"贼心"意欲违法的人：要依法纳税、合规操作。

如果税务局找上门要求补齐应缴税款时，有人还要铤而走险，拒不缴税甚至暴力抗法，税务机关有权拿起手中的护税武器，依法查封、扣押、冻结其财产。

税法小课堂

我国税务机关有哪些职责和权限？

我国税务机关的主要职责和权限如表 3-1 所示。

表 3-1　我国税务机关的主要职责和权限

序号	职责和权限	说　　明
1	征税权与管理	负责税收的征收和管理工作
2	制定细则	根据税收法律、法规的规定，制定具体的征税管理办法
3	稽查与监督	对纳税人的税务登记、申报、纳税、扣缴、税收优惠等事项进行检查、监督
4	核定税款	对于纳税人未按规定期限申报或者申报不真实、不完整的情况，税务机关可以依法核定其应纳税额
5	办理税务登记	对纳税人和扣缴义务人进行税务登记
6	税务认定	对纳税人和扣缴义务人的纳税资格、身份进行确认和认定
7	公布信息	向社会公布违法纳税的行为和情况
8	追缴	对于纳税人和扣缴义务人未足额或者未缴纳的税款，税务机关有权依法追缴
9	处罚	对于违反税收法律、法规的行为，税务机关有权依法进行行政处罚
10	听证权	在作出重大税务处理决定之前，税务机关应当通知纳税人和扣缴义务人依法享有的听证权利
11	保护纳税人权益	维护纳税人和扣缴义务人的合法权益，处理他们的申诉，为其提供税务咨询和服务
12	审计	有权对纳税人和扣缴义务人进行税务审计
13	查封、扣押、冻结财产	对于拒不缴纳税款或者对抗税收征管的，税务机关有权依法查封、扣押、冻结其财产

15 与税收违法行为有关的法律法规和文件有哪些？

刘先生是一家自创品牌的高端服装公司老板，最近他很郁闷。

要问为什么，其实是因为刘先生的一个同行因被举报被税务局稽查了，听说不仅面临补税和罚款，还有可能要坐牢。这可把他吓坏了，因为他们的业务模式基本相同，这个同行有的税务问题，刘先生的公司都有。于是他赶紧把财务叫过来，商量对策。财务心里更慌，心想：老板坐牢，莫不是我也要陪着吧？于是赶紧跟老板提辞职，说我不干了！这下可把刘先生急坏了，于是找到税务师徐老师寻求帮助。徐老师告诉刘先生和财务，先不要自己吓自己，不要听风就是雨，哪有那么容易坐牢！咱先自查，厘清企业到底有哪些税收违法行为，涉及的金额是多少，都有什么样的法律后果，然后看如何进行税务合规。

古人有云："君子有所为有所不为，知其可为而为之，知其不可为而不为"。我们不能因为别人都是这么干的，明明知道是错的，自己也跟着干。但是，出了事也不要自己吓自己，应当先了解清楚相关的法律法规，梳理清楚可能的法律后果，这样才能有办法应对。

按照《中华人民共和国税收征收管理法》的规定，如果公司故意漏报应纳税额，则会被视为偷税行为。这意味着，公司不但需要补缴所有未缴的税款和滞纳金，而且可能面临额外的罚款。

具体的处罚方式还需要看公司的税务涉及具体哪个方面，弄清楚到底是漏报了增值税，还是漏报了企业所得税。

每个税种都有相应的法律规定和处罚措施，如《中华人民共和国增值税暂行条例》中明确了关于增值税的违法行为和相应的处罚，虚开增值税专用发票也是重点打击对象。

我国《中华人民共和国刑法》规定，如果偷税金额达到一定数额，可能会构成刑事犯罪。公司负责人可能会面临有期徒刑。

一想到可能的违法后果，刘先生的压力就更大了，但他也坚定了妥善解决问题的决心。

其实，现在最重要的是找出问题的所在，主动整改。与税务部门坦率沟通，并按时补缴所欠税款。只要诚心诚意地改正，很多问题都是可以得到妥善解决的。

> **税法小课堂**
>
> **我国与税收违法行为有关的法律法规和文件有哪些？**
>
> 我国与税收违法行为有关的法律法规和文件如表 3-2 所示。
>
> 表 3-2　我国与税收违法行为有关的法律法规和文件
>
> | 序号 | 法律法规、文件 | 说　　明 |
> | --- | --- | --- |
> | 1 | 《中华人民共和国刑法》 | 对税收犯罪，如偷逃税款罪、抗税罪等作了明确规定，并明确了刑事责任 |
> | 2 | 《中华人民共和国税收征收管理法》 | 该法第五章对各种税收违法行为作了规定，如偷税、抗税、骗税等行为及相应的法律责任 |
> | 3 | 与我国 18 个税种有关的法律法规和文件 | 《中华人民共和国消费税法》《中华人民共和国企业所得税法》《中华人民共和国个人所得税法》等 13 部法律及《中华人民共和国增值税暂行条例》等法规或文件，这些具体税种的法律对其范围内的税收违法行为有具体的规定 |
> | 4 | 《中华人民共和国行政处罚法》 | 对行政处罚的适用范围、处罚种类、法定程序等作了统一规定。税收违法行为的行政处罚也适用该法 |
> | 5 | 《中华人民共和国反洗钱法》 | 规定了与洗钱活动相关的税收违法行为的处罚 |
> | 6 | 《中华人民共和国会计法》 | 对会计违法行为给予行政处罚或刑事处罚，如伪造、变造会计凭证等 |
> | 7 | 其他相关部门的规章制度或其他相关法规和政策文件 | 如国家税务总局发布的《税收违法行为处罚规定》等部门规章。针对特定的税种或特定的税务管理问题，可能还会有其他相关的法律、法规或政策文件进行规定和解释 |

16 税法对纳税人违法行为的处罚有何规定？

"法网恢恢，疏而不漏。"纳税人不按照规定履行纳税义务，是一种典型的违反税法规定的行为。

有些人知道不交税不对，但是交税呢，又觉得费用太高，于是就出现了一个词，叫作"税务筹划"。什么是税务筹划？说到底就是为了少交税。但在实务中，很多人由于缺乏对法律法规的正确理解，筹划不当，不仅没有收到节税的效果，反而花费了比不筹划更大的成本。

所以，人一定要将眼光放长一点，不能只看到眼前的苟且，还要把眼光放到未来，税务筹划也是如此，要能算得出眼前的节税收益和未来的违法成本孰高孰低。

那违法成本到底怎么算呢？我们可以看看这些年来发生的非常具有代表性的逃税大案，这些大案涉及的逃税金额和罚款金额，是我们"向天再借500年"也不可能赚得到的。

在众多的大案中，令人印象最为深刻的是某网红逃税事件。这位网红涉及补缴的税款高达 13.41 亿元，其中，应该补缴的税款为 6.74 亿元，滞纳金 1.23 亿元，罚款则为 5.44 亿元。

我们可以发现，这位网红逃税的部分只有 6.74 亿元，但是她的违法逃税行为已经触犯了税收征收管理的相关法律规定，加之其社会影响非常恶劣，最终，税务机关按照相关规定，对其作出了罚款处罚，同时，还要求其支付了相应的滞纳金。

触目惊心的数字让人感叹网红的钱"来得太快"，也让人警醒：偷税、漏税行为实在不可取，一旦事发，不仅要补缴原本的税金，还要承受相应的高额罚款和滞纳金。由此可见，足额缴纳税款是多么的重要。

这里可能会有人很疑惑，都说违法了就要坐牢，可案例中的网红明明偷逃税的金额已经很高了，为什么没有听到她坐牢的消息呢？

这就需要我们从《中华人民共和国刑法》中寻找答案了。

《中华人民共和国刑法》第二百零一条明确告诉我们，虽然行为人存在偷税、漏税行为，但是只要在税务机关下达了追缴通知后，能够及时补缴税款、缴纳滞纳金和罚款的,相当于已经受到了行政处罚,就不再追究违法行为人的刑事责任。而且一个人五年内有两次这样的机会,也就是我们常听说的"首两罚不刑"。看得出来,国家对纳税人还是比较宽容的,前提是你能补缴相应的税款、缴纳滞纳金和罚款。当然,屡教不改者除外。

> **《中华人民共和国税收征收管理法》 第六十条**
>
> 纳税人有下列行为之一的,由税务机关责令限期改正,可以处二千元以下的罚款;情节严重的,处二千元以上一万元以下的罚款:
>
> (一)未按照规定的期限申报办理税务登记、变更或者注销登记的;
>
> (二)未按照规定设置、保管账簿或者保管记账凭证和有关资料的;
>
> (三)未按照规定将财务、会计制度或者财务、会计处理办法和会计核算软件报送税务机关备查的;
>
> (四)未按照规定将其全部银行账号向税务机关报告的;
>
> (五)未按照规定安装、使用税控装置,或者损毁或者擅自改动税控装置的。
>
> 纳税人不办理税务登记的,由税务机关责令限期改正;逾期不改正的,经税务机关提请,由工商行政管理机关吊销其营业执照。
>
> 纳税人未按照规定使用税务登记证件,或者转借、涂改、损毁、买卖、伪造税务登记证件的,处二千元以上一万元以下的罚款;情节严重的,处一万元以上五万元以下的罚款。

> **《中华人民共和国刑法》 第二百零一条**
>
> 纳税人采取欺骗、隐瞒手段进行虚假纳税申报或者不申报，逃避缴纳税款数额较大并且占应纳税额百分之十以上的，处三年以下有期徒刑或者拘役，并处罚金；数额巨大并且占应纳税额百分之三十以上的，处三年以上七年以下有期徒刑，并处罚金。
>
> 扣缴义务人采取前款所列手段，不缴或者少缴已扣、已收税款，数额较大的，依照前款的规定处罚。
>
> 对多次实施前两款行为，未经处理的，按照累计数额计算。
>
> 有第一款行为，经税务机关依法下达追缴通知后，补缴应纳税款，缴纳滞纳金，已受行政处罚的，不予追究刑事责任；但是，五年内因逃避缴纳税款受过刑事处罚或者被税务机关给予二次以上行政处罚的除外。

案例中的网红受到的行政处罚，就是税务机关通报的情况中，她被处以的罚款部分，这个罚款就是一个行政处罚行为。

做事要有底线，做人要有底线，做纳税人更要有底线。

作为吃瓜群众，看完了明星及网红补缴天价税金的热闹，再来想想现实生活中，如果你身边有纳税人实施了纳税违法行为，一般会受到怎样的处罚呢？

从对税收管理违法行为的处罚方式上来看，我们国家对违法行为人的处罚是一个由轻到重的过程，不仅包括罚款等行政处罚，还有拘役、有期徒刑等刑事处罚方式，这些刚柔并济的处罚理念和方式，最终的目的都是保障税收管理工作的公正严谨。

综合来看，我国对纳税人违法行为的处罚有两种：行政处罚和刑事处罚。

对犯罪性质的偷逃税及暴力抗税行为的处罚，一般是由《中华人民共和国刑法》规定，常规意义上理解，只要牵涉"刑不刑"，自然也会有后续的"牢不牢"的问题，这就是我们所说的刑事责任。

而行政责任主要是由《税法》规定的，它主要包括罚款、没收违法所得、取消出口退税资格等行政处罚举措。

也许有人会问，案例中 1.23 亿元的滞纳金是不是太高了？

有时候滞纳金很有可能会超过应补税款的本金，因为根据目前的相关规定，违法纳税人应缴纳的滞纳金金额，应当是应补缴税金的万分之五，按天计算，时间久，应补税金额大，那么滞纳金自然就很高。

罚款就更可怕了，案例中，罚款金额高达 5.44 亿元。根据《中华人民共和国税收征收管理法》第六十三条的规定，罚款的比例是税款的百分之五十到五倍，随时可能超过应补缴税金的本金呢！

所以，偷逃税的后果是很严重的，违法成本是很高昂的。你现在会算偷逃税的违法成本了吗？

> **税法小课堂**
>
> **（1）我国税法对纳税人违法行为的处罚有何规定？**
>
> 我国税法对纳税人的违法行为设有从轻到重的处罚措施，涵盖罚款、拘役、有期徒刑等多种形式，旨在确保税收管理的严格和公正。
>
> ①《中华人民共和国刑法》(以下简称《刑法》)对偷逃税款罪、抗税罪等税收犯罪有具体说明。例如，对于偷逃税款的行为，当金额巨大或者多次偷逃税款构成犯罪时，纳税人会面临三年以下有期徒刑或者拘役等刑事处罚。《刑法》对于抗税的行为也有明确的刑事处罚规定，但具体处罚要根据抗税的金额、次数等因素进行判决。

②《中华人民共和国税收征收管理法》(以下简称《税收征管法》)对偷税、抗税、骗税等行为规定了相应的行政处罚。例如，纳税人若偷税，会面临补缴税款和滞纳金的责任，并且还要支付不超过不缴税款五倍的罚款；抗税和骗税的行为在《税收征管法》中也会受到类似处罚，具体处罚标准取决于抗税或骗税的金额、次数等因素。

③对于虚开增值税专用发票的行为，纳税人会受到罚款或吊销发票使用权等处罚。

（2）纳税人应该如何应对税务问题？

①了解和学习税收法规。纳税人应及时、全面地了解和学习税收法规，确保其经营活动与税收法规相符。

②定期自查。定期对账目、发票、税务申报等内容进行自查，确保无误。

③主动纠正错误。一旦发现税务错误，应主动向税务部门报告，并依法纠正。

④咨询专家。遇到不明确或复杂的税务问题，应寻求税务专家或律师的咨询。

⑤维护合法权益。当认为自己的合法权益受到侵犯时，应依法进行申诉或者陈述申辩。

17 纳税人应该如何处理税务争议？

有人的地方就会有江湖，有江湖的地方就会有风云。

如果把纳税看作一个小小的江湖，置身其中的纳税人，难免会因为"税"的一些事与税务机关产生一些争议。

从概念上看，税务争议是纳税人在纳税过程中，因为税法的适用、税额的核定、税率的确定甚至是违反税法行为的处罚等问题，和税务机关产生的纠纷。

王木匠公司所在地的市税务局在税务稽查中发现，王木匠公司存在偷税的情况，于是书面通知该公司补缴税款，但是王木匠公司非常不服气：我虽然是一个做木匠活的，但咱也是一个守法好企业，从没有偷税漏税。该公司认为，市税务局肯定是算错了，怎么还有补缴税款的说法呢，于是就要去找市税务局说道说道。

此时，王木匠公司就与市税务局产生了税务争议。

是不是因为王木匠公司认为自己不应该补税，这个事有争议，就可以不补税，直接去找市税务局算账了呢？

答案是不可以。处理税务争议，必须遵守税法的相关流程规定。

正所谓，思路决定出路，思路正确的情况下，就一定能够找到解决问题的途径。碰到税务争议时，要保持清晰的认知，理性思考，这样才能找到解决问题的方法，既能够维护自己的合法权益，又能够履行好纳税义务。

《中华人民共和国税收征收管理法》 第八条

纳税人、扣缴义务人有权向税务机关了解国家税收法律、行政法规的规定以及与纳税程序有关的情况。

纳税人、扣缴义务人有权要求税务机关为纳税人、扣缴义务人的情况保密。税务机关应当依法为纳税人、扣缴义务人的情况保密。

纳税人依法享有申请减税、免税、退税的权利。

纳税人、扣缴义务人对税务机关所作出的决定，享有陈述权、申辩权；依法享有申请行政复议、提起行政诉讼、请求国家赔偿等权利。

纳税人、扣缴义务人有权控告和检举税务机关、税务人员的违法违纪行为。

《中华人民共和国税收征收管理法》 第八十八条

纳税人、扣缴义务人、纳税担保人同税务机关在纳税上发生争议时，必须先依照税务机关的纳税决定缴纳或者解缴税款及滞纳金或者提供相应的担保，然后可以依法申请行政复议；对行政复议决定不服的，可以依法向人民法院起诉。

当事人对税务机关的处罚决定、强制执行措施或者税收保全措施不服的，可以依法申请行政复议，也可以依法向人民法院起诉。

当事人对税务机关的处罚决定逾期不申请行政复议也不向人民法院起诉又不履行的，作出处罚决定的税务机关可以采取本法第四十条规定的强制执行措施，或者申请人民法院强制执行。

王木匠公司就要问了：像我这样的税务争议，究竟应该怎么办才算是你们所说的合法途径呢？

处理税务争议的方法，主要有税务行政复议和税务行政诉讼两种。

王木匠公司作为纳税人，对于市税务局所做的补缴税款的决定，享有陈述、申辩的权利，也就是直接找市税务局：你给我算多了。这也是税法赋予纳税人的权利。

如果对方回复：我没给你算多，你就是该补缴。王木匠公司还可以要求税务局依法公开作出补缴决定的证据，这不仅有助于清晰地了解税务局要求补缴的依据是什么，还可以让公司结合这个证据进行再次申辩。

无论是陈述、申辩还是申请信息公开，都是纳税人拥有的权益保护措施。

纳税人权益保护措施的方法使用了以后，税务局仍然坚持：你就是应该补缴，你就是少缴了。王木匠公司非常不服，此时，它还可以采取我们说的依法申请行政复议和行政诉讼两种救济措施。

值得注意的是，如果王木匠公司因为应纳税额多少的问题与税务局发生争议，只有按照税务局的补缴决定及时补缴税款（提供担保）才能够提起行政复议，这样可以让其避免因为没有按时缴税而产生滞纳金或者是被罚款等问题。

那么，纳税人因为纳税问题与税务局产生了税务争议，可不可以不通过行政复议，而直接提起行政诉讼呢？

答案是不可以。

在纳税争议案件的解决中，适用的是"双前置"解决方式，也就是行政诉讼前必须先申请行政复议；行政复议前要先缴纳税款或者提供担保。

纳税人应该认识到使用合法途径化解税务争议的重要性，确保使用的救济措施合规。

税法小课堂

（1）纳税人在税务争议处理中有哪些权益保护措施？

①陈述权和申辩权：纳税人在收到税务机关的决定或通知时，有权进行陈述和申辩。这是纳税人的基本权利，有权对争议事项提出自己的看法和证据。

②要求税务机关依法公开信息的权利：纳税人有权要求税务机关公开其决策过程中的相关证据和调查依据。这可以帮助纳税

人更清楚地了解税务机关的立场，并针对性地进行申辩。

（2）纳税人在税务争议处理中有哪些救济途径？

①行政复议：如果纳税人对税务机关的决定不满，可以向上一级税务机关申请行政复议。行政复议是对原决定进行重新审核的过程，有可能推翻或修改原决定。

②行政诉讼：纳税人在申请行政复议后，如果仍对结果不满，或者选择不经过复议直接对税务机关的决定进行申诉，可以向人民法院提起行政诉讼。法院将对案件进行独立审查，并根据法律规定作出判决。

③先缴后议：在某些情况下，纳税人需要先缴纳争议税款，再行使上述的救济途径。这有助于避免因未按时缴税而产生的滞纳金和其他处罚。

第二篇

涉税违法与涉税犯罪

第四章 偷逃税款罪

18 什么是偷税、漏税和逃避税款罪？

如果我们有需要缴纳的税款，却没有缴纳，那么偷税、漏税和逃避税款罪，基本就要占一项了。

不过别急，具体的判定和处理方式还需要进一步的认定。

周小姐从事服装批发业务，由于公司业务量不大，所以没有聘请财务，都是自己记账报税。某日，她接到了税务机关的一则通知，说她的公司存在税务问题，要求她配合税务调查。

周小姐心中忐忑不已，只好找到税务专家李先生，为自己指点迷津。

听了周小姐的情况后，李先生不慌不忙地说："首先，我们要了解税务机关所谓的税务问题，到底属于偷税还是漏税，有没有触犯逃避税款罪。"

看着一脸迷茫的周小姐，李先生解释道："偷税，是指纳税人故意通过伪造、变造、隐匿、销毁账簿、记账凭证，或者在账簿上故意多列支出或故意不列、少列收入，从而导致不缴或少缴税款。漏税则相对轻微，一般是因为疏忽、无意或非故意的错误导致的未纳或少纳税款，如由于计算失误或误解税法规定导致的。"

接着，李先生又说："逃避税款罪，是指纳税人或者扣缴义务人故意通过欺骗、隐瞒手段进行虚假纳税申报或不申报，使逃避税款达到一定数额或占应纳税额一定比例，这是一个严重的刑事罪行。"

周小姐愕然，连忙问："那我是不是涉嫌这个罪行？"

《中华人民共和国刑法》 第二百零一条

纳税人采取欺骗、隐瞒手段进行虚假纳税申报或者不申报，逃避缴纳税款数额较大并且占应纳税额百分之十以上的，处三年以下有期徒刑或者拘役，并处罚金；数额巨大并且占应纳税额百分之三十以上的，处三年以上七年以下有期徒刑，并处罚金。

扣缴义务人采取前款所列手段，不缴或者少缴已扣、已收税款，数额较大的，依照前款的规定处罚。

对多次实施前两款行为，未经处理的，按照累计数额计算。

有第一款行为，经税务机关依法下达追缴通知后，补缴应纳税款，缴纳滞纳金，已受行政处罚的，不予追究刑事责任；但是，五年内因逃避缴纳税款受过刑事处罚或者被税务机关给予二次以上行政处罚的除外。

《中华人民共和国税收征收管理法》 第六十三条

纳税人伪造、变造、隐匿、擅自销毁账簿、记账凭证，或者在账簿上多列支出或者不列、少列收入，或者经税务机关通知申报而拒不申报或者进行虚假的纳税申报，不缴或者少缴应纳税款的，是偷税。对纳税人偷税的，由税务机关追缴其不缴或者少缴的税款、滞纳金，并处不缴或者少缴的税款百分之五十以上五倍以下的罚款；构成犯罪的，依法追究刑事责任。

扣缴义务人采取前款所列手段，不缴或者少缴已扣、已收税款，由税务机关追缴其不缴或者少缴的税款、滞纳金，并处不缴或者少缴的税款百分之五十以上五倍以下的罚款；构成犯罪的，依法追究刑事责任。

李先生看了看周小姐提供的账簿和相关材料，说："从这些资料来看，你可能存在漏税的问题。"

"你是怎么知道的？"周小姐惴惴不安道。

李先生继续解释："要认定偷税，需要满足三个要素。一是主观故意，主观上存在恶意逃税的意识；二是有客观事实，存在伪造、变造、隐匿等手段；三是有违法后果，也就是前面的行为有导致不缴或少缴税款的结果。从你的情况来看，你更多的是由于不了解税务规定、不熟悉税法，或是一些疏忽，未按照税法规定纳税，而非故意偷税。"

周小姐心中稍微放宽，"那我该怎么办？"她问。

李先生说："最好的办法是积极配合税务机关的调查，主动纠正你的错误，补缴应纳的税款和滞纳金、罚款。这样，税务机关看到你的诚意，可能会对你从轻处罚。"

听了李先生的解答，周小姐终于明白了自己存在的问题。在感谢李先生之后，她决定马上与税务机关取得联系，将自己的税务问题尽快解决。

税法小课堂

（1）什么是偷税、漏税和逃避税款罪？

①偷税：根据《中华人民共和国税收征收管理法》第六十三条，偷税是指纳税人或扣缴义务人通过伪造、变造、隐匿、擅自销毁账簿、记账凭证，或在账簿上多列支出或不列、少列收入等手段，或者经税务机关通知申报而拒不申报，或者进行虚假纳税申报，导致不缴或少缴应纳税款。

②漏税：一般指由于疏忽、无意或非故意的错误导致未能按照法定程序纳税的行为，而非通过欺骗、隐瞒手段故意不纳税。漏税的后果可能只是需要补缴税款和缴纳相应的滞纳金，而不涉及行政罚款及刑事责任。

③逃避税款罪：依据《中华人民共和国刑法》第二百零一条，当纳税人或扣缴义务人采取欺骗、隐瞒手段进行虚假纳税申报或不申报，并使逃避税款达到一定数额或占应纳税额一定比例时，构成逃避税款罪，会依法受到刑事处罚。

（2）偷税认定的三要素是什么？

①具有主观恶意。纳税人或扣缴义务人的行为是故意的，即他们明知自己的行为会导致不缴或少缴税款，仍旧采取上述手段。

这与非故意的纳税错误（如疏忽或无意的错误）有所区别。

②具有客观行为。纳税人或扣缴义务人采取了以下行为或手段：采取伪造、变造、隐匿、擅自销毁账簿、记账凭证的行为，或者在账簿上故意多列支出或故意不列、少列收入，或者经税务机关通知申报而拒不申报，或进行虚假纳税申报。

③产生违法后果。纳税人的偷税行为直接造成国家税收收入的减少，不缴或少缴税款的后果已经产生。

19 逃税的后果有哪些?

依法纳税是每个纳税人应尽的义务,也是我国法律条文明确规定的。税收是社会再分配的一环,国家对逃税的处罚是相当严厉的。

前几年,某演员因为税务问题要补缴 8.83 亿元,这个数字对于大部分人来说是个天文数字。

很多人不禁会想:"补缴的税款都要 8 亿元,那她的收入得是多高啊!"

有的人也觉得很奇怪:"有的人欠下的税款并没有这么多,都要去坐牢,为什么她没有事呢?"

先别着急,简单粗暴地下结论可不是个好习惯。接下来,我们好好分析一下。

首先,我们要搞清楚,这 8.83 亿元并不都是罚款。我们可以从两个部分来看:应缴部分和罚款部分。

实际上，我们如果把她和她的公司欠缴的所有税款加起来，总共是 2.55 亿元，再加上滞纳金 0.33 亿元，合计是 2.88 亿元。这部分是这位演员及其公司应当交给国家的税款部分，不是因为违法而对其进行处罚的金额。

除此之外剩下的 5.95 亿元款项，就都是罚款了。但每一部分的罚款计算方式也不同。

根据税务机关的规定和计算，她拆分合同隐瞒真实收入的所得 6000 万元，被处以 4 倍的罚金，也就是 2.4 亿元；隐匿个人真实性质偷逃税款的报酬收入 7967 万元，被处以 3 倍的罚金，也就是 2.39 亿元；企业未代扣代缴的税款是 1.02 亿元，罚款为税款的 50%，即 0.51 亿元；企业协助其少报收入的所得税款 1.3 亿元，罚款为税款的 50%，即 0.65 亿元。这四部分加起来，就是罚款 5.95 亿元。

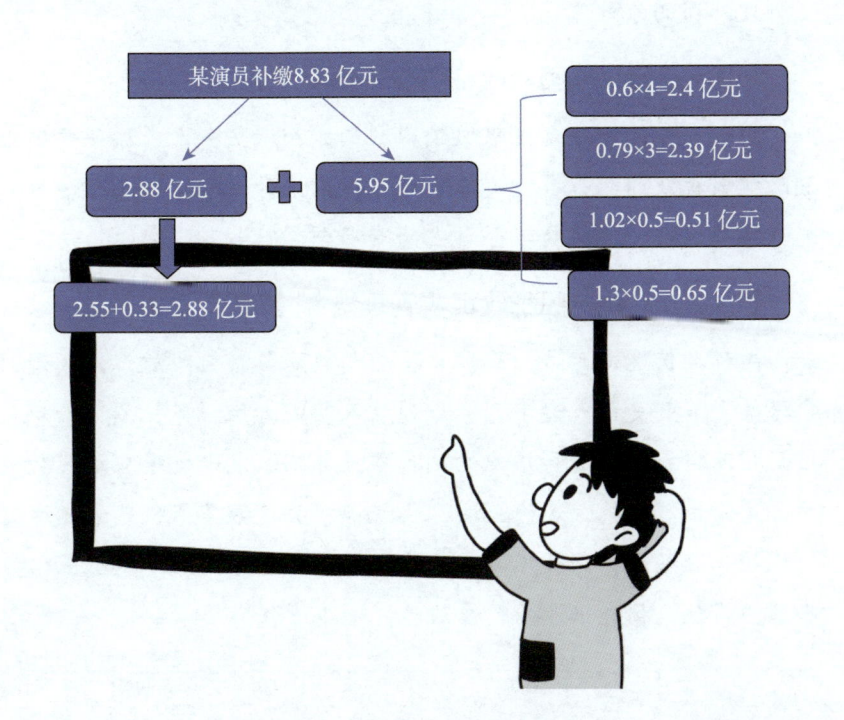

某演员补缴 8.83 亿元

2.88 亿元 ＋ 5.95 亿元

2.55+0.33=2.88 亿元

0.6×4=2.4 亿元
0.79×3=2.39 亿元
1.02×0.5=0.51 亿元
1.3×0.5=0.65 亿元

《中华人民共和国刑法》 第二百零一条

纳税人采取欺骗、隐瞒手段进行虚假纳税申报或者不申报，逃避缴纳税款数额较大并且占应纳税额百分之十以上的，处三年以下有期徒刑或者拘役，并处罚金；数额巨大并且占应纳税额百分之三十以上的，处三年以上七年以下有期徒刑，并处罚金。

扣缴义务人采取前款所列手段，不缴或者少缴已扣、已收税款，数额较大的，依照前款的规定处罚。

对多次实施前两款行为，未经处理的，按照累计数额计算。

有第一款行为，经税务机关依法下达追缴通知后，补缴应纳税款，缴纳滞纳金，已受行政处罚的，不予追究刑事责任；但是，五年内因逃避缴纳税款受过刑事处罚或者被税务机关给予二次以上行政处罚的除外。

《中华人民共和国税收征收管理法》 第三十二条

纳税人未按照规定期限缴纳税款的，扣缴义务人未按照规定期限解缴税款的，税务机关除责令限期缴纳外，从滞纳税款之日起，按日加收滞纳税款万分之五的滞纳金。

《中华人民共和国税收征收管理法》 第六十三条

纳税人伪造、变造、隐匿、擅自销毁账簿、记账凭证，或者在账簿上多列支出或者不列、少列收入，或者经税务机关通知申报而拒不申报或者进行虚假的纳税申报，不缴或者少缴应纳税款的，是偷税。对纳税人偷税的，由税务机关追缴其不缴或者少缴的税款、滞纳金，并处不缴或者少缴的税款百分之五十以上五倍以下的罚款；构成犯罪的，依法追究刑事责任。

> 扣缴义务人采取前款所列手段，不缴或者少缴已扣、已收税款，由税务机关追缴其不缴或者少缴的税款、滞纳金，并处不缴或者少缴的税款百分之五十以上五倍以下的罚款；构成犯罪的，依法追究刑事责任。

换句话来说，这位女演员偷逃的税款是2.88亿元。

但因为她的违法行为，还需要额外支付5.95亿元的罚款，总共是8.83亿元。

通过这样的比较，我们可以看出，逃税的后果是非常严重的。不仅需要补缴原本应缴的税款，还需要支付高额的罚款。

但此事对于她的打击远不止8.83亿元的财产损失，还有她个人品牌的严重受损和商业价值的大幅贬值。

税法小课堂

（1）逃税罪的后果有哪些？

①经济后果。当事人将面临以下三种经济后果：

A. 补缴欠税：逃税者必须补缴所有欠缴的税款。

B. 滞纳金：根据逾期的时间，按日万分之五支付滞纳金。

C. 罚款：除了补缴税款和滞纳金，逃税者还可能被处以罚款。罚款的数额通常取决于逃税金额和情节的严重性，按应补缴税款的50%到5倍。

②刑事后果。在某些情况下，尤其是大额逃税，违法行为人可能会被判处刑事处罚，如拘役、有期徒刑。

（2）存在逃税行为时，纳税人应当如何积极补救，减轻刑事责任？

①及时自首。纳税人如果意识到自己的税务违规行为，应尽快向税务机关自首。许多国家的法律都规定，纳税人自愿举报自己的违法行为可能会得到较轻的处罚。

②积极配合税务检查，提供详细记录。如果税务机关要求对账户、记录或任何其他相关文件进行审查，务必配合并提供所需的所有与税务有关的信息记录和文件，这将有助于证明纳税人的所得和支出。

③积极缴纳欠缴税款、滞纳金和罚款。立即支付所有欠缴的税款，以及可能的滞纳金和罚款。及时补缴税款能够显示出纳税人的真诚悔过态度。

④聘请税务专家。税务专家可以为纳税人提供关于如何处理此类事务的专业建议。此外，他们还可以与税务机关进行有效沟通，帮助当事人减轻潜在的刑事责任。

20 为什么有人逃税，仍能免于刑事处罚？

根据《中华人民共和国刑法》的规定，逃税还可能涉及刑事责任。

刚看完上一篇的读者可能就奇怪了："前面那个女演员偷逃税款2.88 亿元，也没有见她去坐牢呀。"

这可不是咱们的法律不够完善，恰恰相反，我国的法律明确规定了偷逃税款免于刑事处罚的条件。

咱们再举一个例子来具体了解一下。

朱某和林某是两位小有名气的网红，通过直播带货吸引了不少粉丝。她们赚了钱之后，开始打起了税款的主意。

朱某在 2019 年至 2020 年设立了一系列个人独资企业，通过虚构大量业务，将她从相关企业获得的个人工资薪金和劳务报酬所得的 8445.61 万元，转换成个人独资企业的经营所得，逃避个人所得税 3036.95 万元。

林某也采取了相似的手段。她在 2019 年至 2020 年设立了多家个人独资企业，通过虚构大量业务，将她从相关企业获得的个人工资薪金和劳务报酬所得 4199.5 万元，转换为个人独资企业的经营所得，逃避个人所得税 1311.94 万元。

在税务局的稽查过程中，朱某和林某的偷逃税款行为被揭露了出来。根据《中华人民共和国税收征收管理法》《中华人民共和国个人所得税法》《中华人民共和国行政处罚法》等的相关规定，应对朱某追缴税款、加收滞纳金，并处以 1 倍罚款，总计 6555.31 万元；应对林某追缴税款、加收滞纳金，并处以 1 倍罚款，总计 2767.25 万元。

朱某和林某的行为属于严重违反税收管理法律法规的偷税行为。在税务稽查立案后，她们认识到了自己的错误，在案情查实前积极配合，主动补缴了部分税款，具有主动减轻违法行为危害后果等情节。

相关部门综合考虑到她们在减轻违法行为危害后果方面的积极表现，未对她们追究刑事责任。

《中华人民共和国刑法》 第二百零一条

纳税人采取欺骗、隐瞒手段进行虚假纳税申报或者不申报，

> 逃避缴纳税款数额较大并且占应纳税额百分之十以上的，处三年以下有期徒刑或者拘役，并处罚金；数额巨大并且占应纳税额百分之三十以上的，处三年以上七年以下有期徒刑，并处罚金。
>
> 扣缴义务人采取前款所列手段，不缴或者少缴已扣、已收税款，数额较大的，依照前款的规定处罚。
>
> 对多次实施前两款行为，未经处理的，按照累计数额计算。
>
> 有第一款行为，经税务机关依法下达追缴通知后，补缴应纳税款，缴纳滞纳金，已受行政处罚的，不予追究刑事责任；但是，五年内因逃避缴纳税款受过刑事处罚或者被税务机关给予二次以上行政处罚的除外。

这两位网红偷逃税款的数额也不小，但是并没有受到刑事处罚。

根据《中华人民共和国刑法》第二百零一条的相关规定，由于朱某和林某在税务机关依法下达追缴通知后，积极补缴应纳税款，缴纳滞纳金，并且已经受到了行政处罚，所以她们并未被追究刑事责任。

那么，在偷逃税款之后，还有哪些免于刑事处罚的前提呢？具体而言，企业或个人逃税免于刑事处罚的前提有4个（见表4-1）。

表 4-1 逃税免于刑事处罚案例

序号	前提	逃税免于刑事处罚的案例
1	接到税务机关下发的处罚通知后，无条件补缴税款、缴纳滞纳金和罚款	某公司接到税务机关的通知，要求补缴逃避的税款、缴纳滞纳金和罚款共100万元，公司在接到通知后立即按要求缴纳了所有款项，没有拒绝或延迟支付
2	在5年内，没有因逃税被刑事处罚或受到2次以上行政处罚	某企业在一次税务稽查的过程中发现存在税务违法问题，但是该企业在过去的5年内没有因逃税行为被判刑或受到2次以上的行政处罚

续表

序号	前提	逃税免于刑事处罚的案例
3	逃税金额不超过 10 万元或者不大于应纳税额的 10%	某人逃税金额为 8 万元，而其应纳税额为 40 万元，逃税金额未超过 10 万元； 某人逃税金额为 12 万元，而其应纳税额为 130 万元，逃税金额虽然超过 10 万元，但占应纳税额的比例小于 10%
4	扣缴的税款中未缴纳的绝对金额不高于 10 万元	某公司代扣代缴员工的个人所得税款共计 9 万元，但该公司没有按规定将这笔税款缴纳给税务机关，未缴纳的金额未超过 10 万元

如果企业或个人的偷逃税行为属于以上情形之一，则可以免于刑事处罚。否则，企业负责人或相关责任人员、个人纳税人应当承担相应的刑事责任。

现实生活中，并不是每个偷逃税的人都那么幸运，因偷逃税而坐牢的大有人在，原因是偷逃税行为一般发生在公司业务辉煌时期或个人手头有钱的时候，但是当被查补税时，偷逃税人已经没有支付能力了，除了进去吃牢饭，别无他法。

下面就是一个"因偷逃税款被查，交不起税而被刑事立案"的典型案例。

鲍某是某药业公司的前法定代表人，也是股东之一。2017 年 1 月，他与李某签订了一份股权转让协议，将公司 51.09%的股权以 7000 万元的价格转让给了殷某，殷某先后转账给鲍某 5356 万元、给李某（代持股东）1644 万元。

为逃避纳税，鲍某伪造了股权转让协议，协议显示股权转让价款 326 万元，并据此进行了个人所得税申报。然而，税务机关稽查后发现，鲍某存在虚假申报和少缴税款的违法行为，涉税金额高达 1175.48 万元。2018 年 8 月，税务机关对鲍某和李某下达了税务处理决定书和税务行政处罚决定书。经催缴后，鲍某和李某只缴纳了480万元税款，直至2020年6月，淮南市公安局经济技术开发区分局对鲍某涉嫌逃税立案侦查时，鲍某逃税数额合计695万元。截至2021年2月26日，鲍某逃税税款已全部缴纳，但滞纳金和剩余罚款仍未缴纳。

由于鲍某存在拖延缴纳巨额税款的行为，最终被以涉嫌逃税罪起诉。经审理，法院判处鲍某有期徒刑4年，并处罚金人民币50万元。鲍某最终为自己的错误行为付出了巨大代价。

逃税不可取。逃税后如果不及时采取补救措施、积极配合税务局的工作补缴税款，那么后果将会非常严重，将面临更加严厉的惩罚。

税法小课堂

（1）被税务稽查后，如果发现存在逃税行为，企业或个人免于刑事处罚的前提有哪些？

①接到税务机关下发的处罚通知后，无条件补缴税款、缴纳滞纳金和罚款，可以免除刑事处罚。

②在5年内，没有因逃税被刑事处罚或受到2次以上行政处罚的，可以免除刑事处罚。

③逃税金额不超过10万元或者不大于应纳税额的10%，可以免除刑事处罚。

④扣缴的税款未缴纳的金额不高于10万元的，可以免除刑事处罚。

（2）犯了逃税罪之后，还有哪些方式能够减轻处罚？

首先，自首并全面认罪。当事人要主动向税务机关坦白自己的逃税行为，不逃避、不躲藏，承认罪责，表现出合作的态度。

其次，主动配合调查和稽查。当事人要积极配合税务机关的调查和稽查工作，提供必要的证据和协助，这有助于建立信任和减轻处罚。

最后，当事人可以寻求财税专家和刑辩律师的帮助，他们可以提供税务和法律方面的建议，律师还可以在庭审时提供有力的辩护，确保当事人的合法权益得到保护。

（3）逃税罪的处罚标准是什么？

①纳税人采取欺骗、隐瞒手段进行虚假纳税申报或不申报，逃避缴纳税款，数额在10万元以上并且占应纳税额10%以上，经税务机关依法下达追缴通知后，不补缴应纳税款、不缴纳滞纳金或者不接受行政处罚构成逃税罪的，处3年以下有期徒刑或者拘役，并处罚金。

②纳税人5年内因逃避缴纳税款受过刑事处罚或被税务机关给予2次以上行政处罚，又逃避缴纳税款，数额在10万元以上并且占各税种应纳税总额10%以上，构成逃税罪的，处3年以下有期徒刑或者拘役，并处罚金。

③数额巨大并且占应纳税额30%以上的，处3年以上7年以下有期徒刑，并处罚金。

21 "逃税8万元被判3年"，冤不冤？

在前面，我们已经讲过了某位演员因逃税而被罚补缴 8.83 亿元的案例，也分析了它的罚款依据与构成。但这个案例出现之后，很多人就把它和另外一个案例做了对比，说：曾经有一位李小姐，偷逃税款 8 万元，却被判处有期徒刑 3 年。

一个是被处罚 8.83 亿元而不追究刑事责任，一个是偷逃 8 万元而被判处有期徒刑 3 年，这个对比不可谓不鲜明。

但是，李小姐偷逃税额 8 万元就被判 3 年有期徒刑，这个真的是冤案吗？这事还真得具体展开来讲一讲。

先说说李小姐，其实她只是经常出国购买化妆品，然后拿到国内再卖出去，赚的就是这一买一卖之间的差价。

看上去好像没什么问题，同样的东西，这里卖得贵，那边卖得便宜，自然就会有商人倒货赚差价。哪怕在菜市场里面，这个道理也一样通用。

有的人可能已经反应过来了:"这不就是代购嘛!"没错,是代购。那么,此时此刻大家也就知道了李小姐偷逃的是什么税款了。

实际上,李小姐在国外购买化妆品后,在带回国内的时候,并没有按照我国海关相关法律规定,主动申报并缴纳关税,而是将化妆品藏匿在行李之中,装作个人物品从"无申报通道"入境。

不只是偷逃税款,李小姐的行为同时也构成了走私普通货物、物品罪。最后对于李小姐的量刑也是基于这一条罪名。

> **《中华人民共和国刑法》 第一百五十三条**
>
> 走私本法第一百五十一条、第一百五十二条、第三百四十七条规定以外的货物、物品的,根据情节轻重,分别依照下列规定处罚:
>
> (一)走私货物、物品偷逃应缴税额较大或者一年内曾因走私被给予二次行政处罚后又走私的,处三年以下有期徒刑或者拘役,并处偷逃应缴税额一倍以上五倍以下罚金。

（二）走私货物、物品偷逃应缴税额巨大或者有其他严重情节的，处三年以上十年以下有期徒刑，并处偷逃应缴税额一倍以上五倍以下罚金。

（三）走私货物、物品偷逃应缴税额特别巨大或者有其他特别严重情节的，处十年以上有期徒刑或者无期徒刑，并处偷逃应缴税额一倍以上五倍以下罚金或者没收财产。

单位犯前款罪的，对单位判处罚金，并对其直接负责的主管人员和其他直接责任人员，处三年以下有期徒刑或者拘役；情节严重的，处三年以上十年以下有期徒刑；情节特别严重的，处十年以上有期徒刑。

对多次走私未经处理的，按照累计走私货物、物品的偷逃应缴税额处罚。

换句话说，李小姐"逃税8万元被判3年"的说法并不严谨，实际上是将两件独立的事情放在了一起。如果说李小姐"走私化妆品被判3年"，看上去是不是就更合理一些？

触犯法律需要承担相应的法律责任，并没有什么所谓的冤屈，只有因为贪婪和无知而导致的遗憾。

税法小课堂

在代购时，应该如何申报和缴纳税款？

代购是指代理购买，即代替客户从境外或特定区域购买商品的行为。与一般的个人购物不同，代购活动更倾向于商业性质，所以在税务方面要更加注意。在进行代购时，我们应该：

①了解商品分类与税率。不同的商品分类在进口时有不同的税率。你需要先了解你所购买商品的分类以及对应的税率。

②确认免税额度。我国对于个人携带入境的商品有一定的免税额度，超出该额度的部分需要申报缴税。我国的入境免税购物额度一般情况下是每人每年5000元（海南岛离岛免税购物额度为每人每年10万元）。

③诚实申报。当你携带或邮寄商品入境时，需要在海关进行申报，确保诚实、完整地申报所有的商品。隐瞒或欺诈可能会导致罚款，甚至法律诉讼。

④保留购买凭证。为证明你申报的商品价格，你应当保留所有与购买相关的凭证。这可以帮助你在海关时证明你的商品是按照申报价格购买的。

⑤使用专业的清关服务。如果你经常代购大量商品，可以考虑使用专业的清关服务或物流公司服务，它们可以帮助你更有效、更合规地完成清关流程。

⑥按时报税。根据你的税务身份（如个体经营者、企业等），你需要按月、季度或年报税。确保按时报税，并为你进口的所有商品支付税款。

22 互联网销售人员会面临哪些涉税风险？

被称为"微商教父"的龚文祥于 2021 年 11 月 30 日在社群发出"致全体触电会老会员最后一封信",称自己受到税务、公安等专案组的调查,公司破产,因未缴纳企业和个人所得税等原因被高额处罚,导致负债累累、倾家荡产,宣布退出微商行业并解散触电会老社群。根据公开信内容,其被处罚的核心原因是公司大多数收入使用微信红包、转账等方式,且未对公,没有缴纳企业和个人所得税。

龚文祥在微商圈子中名气较大,经常自称"微商教父"。他通过打造个人 IP 产生粉丝效应,从而进行流量变现。其核心是"触电会社群",据他描述,该社群包含全国近九成的微商老板。

包括微商在内的互联网营销近年来造福了一大批人,但因为这个行业缺乏有力监管,在很长一段时间内成为法外之地,也成了税收的"灰色地带"和盲区。但监管会迟到,却不会缺席,当监管来临时,违法者一定会为当时的违法行为付出代价,所以任何人都应该遵守税

法，依法纳税，以维护税收秩序和公平竞争的市场环境。

那么微商从业者该如何规避风险、合规纳税呢？2019 年 1 月 1 日起施行的《中华人民共和国电子商务法》明确了微商、代购属于电子商务经营者。也就是说，个人从事微商，应当算作个体户，办理个体户营业执照，并且按照个体户的税收政策按经营所得计算缴纳个人所得税。

《中华人民共和国电子商务法》 第十条

电子商务经营者应当依法办理市场主体登记。但是，个人销售自产农副产品、家庭手工业产品，个人利用自己的技能从事依法无须取得许可的便民劳务活动和零星小额交易活动，以及依照法律、行政法规不需要进行登记的除外。

《中华人民共和国税收征收管理法》 第十五条

企业，企业在外地设立的分支机构和从事生产、经营的场所，个体工商户和从事生产、经营的事业单位（以下统称从事生产、经营的纳税人）自领取营业执照之日起三十日内，持有关证件，向税务机关申报办理税务登记。税务机关应当于收到申报的当日办理登记并发给税务登记证件。

工商行政管理机关应当将办理登记注册、核发营业执照的情况，定期向税务机关通报。

本条第一款规定以外的纳税人办理税务登记和扣缴义务人办理扣缴税款登记的范围和办法，由国务院规定。

税法小课堂

（1）未办理执照以及税务登记的微商，可能面临哪些涉税风险？

①不规范的经营和账务处理。微商经常因其轻便、灵活的经营特性而忽视其正规的账务处理，如不设账、未记账等不当处理。这导致微商申报纳税时完全没有真实的经营数据作为支撑。

②税务违规和漏税行为。微商可能出于简化流程目的或误解税务规定而未按规定报税、不办理税务登记，甚至存在少计、不计收入、虚列成本费用等偷逃税行为，导致少缴增值税和所得税。

③公私混淆及经营信息不真实。由于微商经营的便捷性，有时可能会通过私人账户进行交易、不开设对公账户，或提供虚假的注册地址。这些行为都有可能使税务机关难以核实其真实经营状况，进而增加被稽查的风险。

④忽视社保与年检要求。微商在拓展业务的同时，可能会忽视对雇员的社保缴纳责任以及工商年检的提交。这不仅可能导致行政处罚，而且在面对税务机关审查时也会增加不利因素。

（2）未办理执照以及税务登记的微商，会产生哪些后果？

当事人需要补缴税款与罚款。如果税务机关发现微商在未办理税务登记的情况下进行交易，可能会要求微商补缴应纳税款，并可能加收滞纳金或罚款。

此外，当事人可能面临行政处罚。未经许可进行商业活动可能会违反商业法律和法规。税务和工商管理部门可能会对未经登记的微商进行行政处罚，如罚款、没收违法所得或停业整顿。

情节严重的，如存在交不起税或经税务机关通知申报而拒不申报及其他重大违法行为时，微商可能面临刑事责任，包括处以罚金、拘留或监禁。

因此，请不要以身试法，微商需要依法办理营业执照、进行税务登记并依法纳税。

23 企业未履行代扣代缴义务，员工要承担责任吗？

随着技术的进步，办理税务相关的事务也越来越方便。现在有了专门的个人所得税 App，在线就能办理很多业务，用手机就能查到自己的纳税明细了。

这一查不要紧，小李发现自己这几个月工资没少发，但完全查不到自己缴纳个人所得税的明细。

还没等小李琢磨明白，就发现自己的公司出了"大新闻"。小李就职的公司因涉嫌逃税被调查。2008 年 1 月至 2014 年 12 月，该公司实际上代扣了职工个人所得税 379 万余元，但将已代扣个税款故意进行零申报，并将其挪用于公司的生产经营活动。该行为属于采取欺骗、隐瞒的手段进行虚假申报，构成逃税罪。

根据相关规定，扣缴义务人采取欺骗、隐瞒手段，不缴或者少缴已扣、已收税款，数额在 10 万元以上的，应予立案追诉。案件经过审理，人民法院作出判决，根据《中华人民共和国刑法》的相关规定，小李公司犯逃税罪，被判处罚金190万元。公司法定代表人孟某为直接责任人，犯逃税罪，被判处有期徒刑二年六个月，并处罚金20万元。

孟某和公司都受到了法律的制裁，但是小李也犯了愁："我那没缴纳的个人所得税，税务机关是不是也要追究我的责任呢？"

咱们首先明确一点，企业作为扣缴义务人，有代扣代缴个人所得税的法律义务。但在实务中，的确也有一些企业出于各种目的不履行代扣代缴个人所得税的义务，比如，向员工发放补贴、福利或让员工抽奖而中"大奖"时未合并到其当月工资进行申报纳税；或在开展营销推广活动时对个人的无偿赠送未按"偶然所得"进行个人所得税申报纳税等。

这种未缴纳税款的责任到底该由谁来承担呢？我们还需要做个简单的辨析：

如果企业在发放工资的时候既没有代扣也没有代缴个人所得税款，这实际上相当于将应缴纳的税款与工资一同发放给了员工。那么，税务机关肯定要追究公司未履行代扣代缴个人所得税法定义务的责任,同时,也会要求公司向个人追讨未缴纳的税款。

如果公司在发放工资的时候已经代扣了但没有代缴个人所得税,那么,这个责任就完全由公司和公司负责人来承担。

再讲明白点,就是该缴纳的税款留在了谁的手里,谁就承担缴纳税款的责任。

很显然,对于小李而言,其个人所得税已经由公司代扣,只是公司未代缴,公司应承担相应缴纳税款的责任,而小李并不会被追究责任。

《中华人民共和国税收征收管理法》 第六十三条

纳税人伪造、变造、隐匿、擅自销毁账簿、记账凭证,或者在账簿上多列支出或者不列、少列收入,或者经税务机关通知申报而拒不申报或者进行虚假的纳税申报,不缴或者少缴应纳税款的,是偷税。对纳税人偷税的,由税务机关追缴其不缴或者少缴的税款、滞纳金,并处不缴或者少缴的税款百分之五十以上五倍以下的罚款;构成犯罪的,依法追究刑事责任。

扣缴义务人采取前款所列手段,不缴或者少缴已扣、已收税款,由税务机关追缴其不缴或者少缴的税款、滞纳金,并处不缴或者少缴的税款百分之五十以上五倍以下的罚款;构成犯罪的,依法追究刑事责任。

《中华人民共和国税收征收管理法》 第六十九条

扣缴义务人应扣未扣、应收而不收税款的,由税务机关向纳税人追缴税款,对扣缴义务人处应扣未扣、应收未收税款百分之五十以上三倍以下的罚款。

> 《国家税务总局关于贯彻〈中华人民共和国税收征收管理法〉及其实施细则若干具体问题的通知》(国税发〔2003〕47号) 第二条
>
> 扣缴义务人违反征管法及其实施细则规定应扣未扣、应收未收税款的，税务机关除按征管法及其实施细则的有关规定对其给予处罚外，应当责成扣缴义务人限期将应扣未扣、应收未收的税款补扣或补收。

未履行代扣代缴义务不仅会导致责任单位遭受经济损失，负责人也可能面临刑事处罚。遵纪守法、坚持为员工代扣代缴个人所得税，是每一家企业应尽的基本义务，诚实守信也是每一位企业家应有的基本道德。

税法小课堂

税务局向个人追征税款时是否会加收滞纳金和罚款呢？

国税函〔2004〕1199号明确：按照《中华人民共和国税收征收管理法》(以下简称《税收征管法》)规定的原则，扣缴义务人应扣未扣税款，无论适用修订前还是修订后的《税收征管法》，均不得向纳税人或扣缴义务人加收滞纳金。

2019年第七次修正后的《中华人民共和国个人所得税法》第十条第一款规定：

有下列情形之一的，纳税人应当依法办理纳税申报：

（一）取得综合所得需要办理汇算清缴；

（二）取得应税所得没有扣缴义务人；

（三）取得应税所得，扣缴义务人未扣缴税款；

（四）取得境外所得；

（五）因移居境外注销中国户籍；

（六）非居民个人在中国境内从两处以上取得工资、薪金所得；

（七）国务院规定的其他情形。

第十三条第二款规定：纳税人取得应税所得，扣缴义务人未扣缴税款的，纳税人应当在取得所得的次年六月三十日前，缴纳税款；税务机关通知限期缴纳的，纳税人应当按照期限缴纳税款。

因此2019年以后，扣缴义务人未扣缴税款，纳税人是有自行申报个税义务的。

《税收征管法》第六十四条第二款规定：纳税人不进行纳税申报，不缴或者少缴应纳税款的，由税务机关追缴其不缴或者少缴的税款、滞纳金，并处不缴或者少缴的税款百分之五十以上五倍以下的罚款。

所以自然人如果取得2019年以后的个人所得税应税所得，扣缴义务人没有扣缴税款的，自然人也未进行自主纳税申报，查处后应该对自然人加收滞纳金和罚款。

24 什么是税款追征期?

税款追征期指的是纳税人、扣缴义务人存在未缴或者少缴税款的情况时,税务机关针对其少缴或者未缴部分的税款所确定的追征的期限。

税款既然有法定的追征期,那自然也就有过期的时候。

那么制定税款追征期的意义在哪里呢?

我们举个简单的例子:

卖服饰类产品的小美在缴税的时候,由于对税率计算公式的应用错误,导致她少缴了 2 万元的税款。4 年后,小美才发现这个问题,此时因为已经过了税款追征期,小美可以不再补缴这一笔税款。

有人也许会说,少收税是国家吃亏了,规定税款追征期有什么好的。

事实上,我们建立税款追征期制度的根本目的,就是保障税收征管的公平和效率。税务机关作为行政机关,必须依法履行其在税收征管方面的职责。税款追征期制度可以在一定程度上避免税务机关长期或者无限期地陷入税收征管的怪圈中,避免加大税务机关的工作量，从而造成行政资源的浪费，从另一个角度维护了正常的税收秩序。

而税款追征期对于像小美这样主观并不存在故意的纳税人来说，也至关重要，特别是当他们因为一些之前的涉税问题需要补缴税款的时候，税款追征期就是维护其合法权益的一种手段。

设立税款追征期，一方面可以推动安定有序的税收征管环境的构建，确保税务机关能够及时执法、提高行政效率；另一方面也是鉴于证据的保存问题，避免纳税人因为时间过久可能导致证据灭失而无法进行合法维权。

《中华人民共和国税收征收管理法》 第五十二条

因税务机关的责任，致使纳税人、扣缴义务人未缴或者少缴税款的，税务机关在三年内可以要求纳税人、扣缴义务人补缴税款，但是不得加收滞纳金。

因纳税人、扣缴义务人计算错误等失误，未缴或者少缴税款的，税务机关在三年内可以追征税款、滞纳金；有特殊情况的，追征期可以延长到五年。

对偷税、抗税、骗税的，税务机关追征其未缴或者少缴的税款、滞纳金或者所骗取的税款，不受前款规定期限的限制。

《中华人民共和国税收征收管理法》 第六十四条

纳税人、扣缴义务人编造虚假计税依据的，由税务机关责令限期改正，并处五万元以下的罚款。

纳税人不进行纳税申报，不缴或者少缴应纳税款的，由税务机关追缴其不缴或者少缴的税款、滞纳金，并处不缴或者少缴的税款百分之五十以上五倍以下的罚款。

总体来看，税款追征期主要包含以下几种情形。

（1）因为税务机关的原因，使纳税人未缴或者少缴税款的，税务机关有3年的追征期可以进行追缴。

这里所说的税务机关的原因，指的是税务机关适用法律错误，或者执法行为违法。纳税人如果提出了税务机关有责任，需要讲明事实，必要时还需提供佐证资料。

（2）因为纳税人计算错误等失误造成不缴或者少缴税款的，适用3年追征期，如果有特殊情况，可以延长到5年的追征期。

这里的特殊情况，主要是指因为纳税人计算错误等失误，未缴或者少缴的税款数额累计在10万元以上的，税务机关可以在5年内追征。

案例中，小美因为计算错误等失误造成少缴的税款数额为2万元，她适用的税款征管期为3年，所以我们说她第四年才发现时，可以不再补缴。

值得注意的是，这种情形下的计算错误等失误，单纯是指不是主观故意的计算公式使用错误以及明显的笔误问题。

也许有人会问，偷税、抗税、骗税等税收违法行为，是不是也有追征期呢？

故意偷税、抗税、骗税等税收违法行为，税务机关无限期追征，即追征期为无限期。追到天涯海角，海枯石烂。

如果纳税人不是为了偷税，只是单纯地没有自主申报纳税造成未缴或者少缴税款呢？

根据《中华人民共和国税收征管法》（以下简称《税收征管法》）第六十四条第二款规定，纳税人不进行纳税申报造成未缴或少缴应纳税款的情形不属于偷税、抗税、骗税，其追征期按照《税收征管法》第五十二条的规定，一般为3年，特殊情况可以延长至5年。

这里有一个非常有意思的事情，不进行纳税申报和进行虚假的零申报，结果都是没有交税，但是后果却大不同。虚假的零申报具有主观故意，属于偷税的情形之一，税务局对于纳税人应缴未缴税款拥有无限期追征的权力。但不进行纳税申报因其不具有主观故意，不判定为偷税情形，因此最长追征期为5年。

总结一下就是：如果在3年内或5年内被发现，不进行纳税申报与虚假零申报产生的结果都一样。纳税人不进行纳税申报或者虚假申报，未缴或者少缴应纳税款的，由税务机关追缴其未缴或者少缴的税款、滞纳金，并处未缴或者少缴的税款百分之五十以上五倍以下的罚款。但是如果过了3年或5年的追征期，对不进行纳税申报的情形，税务机关无法对其进行追征了。

如果是这样，那是不是大家都不去进行纳税申报了呢？当真有这么大的法律漏洞吗？请注意，上面说的不进行纳税申报的情形，一定是指非主观故意，如果明明知道应当申报而不申报，那就另当别论了。所以这种情况一般是针对自然人，因为并不是每个普通人都懂税法相关规定，如什么时候该申报、该如何申报等。而其他办理了税务登记的纳税人，应当有具备税法常识的专业人员，如果出现应当申报而未申报情形，属于《税收征管法》第六十三条中规定的经税务机关通知申报而拒不申报的偷税的情形之一。

税款追征期制度，涉及税收执法风险、纳税人权利保护、税收公平适用等多个问题，对于税务机关和纳税人来说都具有重大的意义。

税法小课堂

税款追征期的期限是如何规定的？

①税务机关责任：3 年追征期。如果是因为税务机关的过错或疏忽，导致纳税人或扣缴义务人未缴或少缴税款，税务机关有 3 年的时间进行追缴。

②纳税人、扣缴义务人计算错误等失误：3 年追征期，有特殊情况的，追征期可延长到 5 年。如果是纳税人或扣缴义务人因为计算错误、遗漏或其他非故意的失误导致未缴或少缴税款，税务机关通常有 3 年的时间进行追缴。

但在某些特殊情况下，如涉及税款金额较大（累计在 10 万元以上），或存在其他复杂情境时，这一追征期限可以延长到 5 年。

③存在偷税、抗税、骗税等行为：无限期。对于那些故意逃避税收、反抗税务机关征税行为或采取欺诈手段逃避税款的行为，税务机关有权进行无限期的追征。这是对恶意逃税行为的严格制裁，确保这些行为的实施人不会因为时间的流逝而逍遥法外。

25 企业注销后，欠缴的税款该怎么办？

注销是企业生产经营过程中一种常见的状态。

有些企业因为自身经营不善而选择自主注销；有些企业则是因为涉及其他外部问题被吊销、撤销经营资格。

无论哪种原因导致企业注销，不可避免的问题就是税款的处理问题。

一些企业甚至动起了歪脑筋："我公司都注销了，剩下的税也就不用交了吧？"

事实上，税的问题不容小觑，公司注销了，该缴的税也要缴完。

从程序上，企业终止经营活动退出市场，需要经历决议解散、清算分配和注销登记三个流程。

公司在退出市场正式终止前，须依法宣告解散、成立清算组进行清算，清理公司财产、清缴税款、清理债权债务、结算职工工资等，待以上环节都完成后，制作出清算报告，分别办理注销税务登记、企业登记、社会保险登记等事宜，然后才能公告公司终止。

也就是说，如果某公司决定注销企业，必须完成的涉税事项就是清缴税款。根据我国法律的规定，只有清缴税款后，该公司才能办理注销税务登记，继而完成公司的注销手续。

所以，公司在注销之前，应当对公司在生产经营中的所有税务问题进行彻底的自查，确保所有税款都已经缴清，避免未缴税款或税务遗漏导致不必要的税收法律风险。

否则，根据我国法律的规定，如果税务机关在该公司注销后发现该公司有未缴清的税款，税务机关有权在公司注销后的三年内追缴未缴清的税款，如果认定企业有偷税等税收违法行为的，追缴期限为无限期，到时相关人员也可能会受到行政甚至是刑事处罚。

> **《中华人民共和国税收征收管理法》 第十六条**
>
> 从事生产、经营的纳税人，税务登记内容发生变化的，自工商行政管理机关办理变更登记之日起三十日内或者在向工商行政管理机关申请办理注销登记之前，持有关证件向税务机关申报办理变更或者注销税务登记。

> **《中华人民共和国税收征收管理法》 第五十二条**
>
> 因税务机关的责任，致使纳税人、扣缴义务人未缴或者少缴税款的，税务机关在三年内可以要求纳税人、扣缴义务人补缴税款，但是不得加收滞纳金。
>
> 因纳税人、扣缴义务人计算错误等失误，未缴或者少缴税款的，税务机关在三年内可以追征税款、滞纳金；有特殊情况的，追征期可以延长到五年。
>
> 对偷税、抗税、骗税的，税务机关追征其未缴或者少缴的税款、滞纳金或者所骗取的税款，不受前款规定期限的限制。

如果税务机关发现企业在注销前确实有税款没有缴纳，但是企业已经注销了，税务机关又该向谁追回未缴纳的税款呢？

通常情况下，对于公司存续期间应缴而未缴纳的税款，公司应该以存续期间的全部财产来承担缴税责任。从税收征管的角度看，有限责任公司实际的老板所承担的涉税责任并不是"有限"的，公司注销之后，税务机关依然可以穿透已注销的公司，向原股东、原实际控制人征税，也就是说就算公司注销了，涉税风险也会随之转嫁给原股东以及幕后的大老板。

可见，对于企业来说，注销并不是消除税务风险的合法方式，也不能成为企业逃避纳税义务的"保护伞"。

所以，确定注销企业时，企业必须结合实际情况，妥善处理涉税问题。

一是要足额缴纳印花税，自查企业的实收资本、资本公积、营收账簿以及企业成立以来的重大合同等。

二是自查"其他应收款"项目，确保老板或者职工从公司借出的款项已归还。如果没有归还，也没有用于生产经营，应当补缴相应的个人所得税。

三是注销时账面库存如果分配给了股东，应当视同销售，需要补缴增值税以及代扣代缴因实物方式分红产生的20%的个人所得税。

四是如果发现注销时账面库存大于实际库存，要查明原因，如果是经营管理不善导致库存损毁的，应该将涉及的进项税额及时转出。

五是如果企业在注销前存在留抵税额，可以将进项税额对应的货物销售给关联公司，并向关联公司开具销售发票，最终把留抵税额转嫁到关联公司。进行关联交易开具发票要建立在真实交易的基础上，要注重价格符合市场行情，确保交易的合理合法。

六是保存好相关的涉税资料，保存期限至少为10年，不得擅自销毁。

税法小课堂

（1）企业注销时，可以不进行税务注销登记吗？

企业注销前必须向税务机关办理注销登记，不能忽略这一环节。根据我国法律相关规定，税务机关有权在企业注销后三年内追缴企业未清缴的税款。对于偷税等行为，追缴期限不受期限限制，同时原企业主管人员可能也将面临行政处罚或刑事处罚。

企业注销后，法人已不存在，原股东、原实际控制人通常要承担连带追偿责任。并且，复议或诉讼都不能避免最终承担的法律责任。因此，企业注销时，一定不要忽略税务问题。

（2）企业注销时，应该注意哪些税务问题？

在注销之前，企业需要对所有的税务问题进行彻底的自查，确保所有税款都已经缴清，避免因未缴税款或税务遗漏带来的法律风险。企业主要注意以下五点税务问题。

①账面有存货，但无实物。

处理方法：企业应进行自查，并补缴增值税、企业所得税等税款。

②账面有存货，但过期了。

处理方法：可确认损失并在企业所得税前扣除。

③增值税有留抵税额，税务机关不予退还。

处理方法：可将货物销售给关联公司，并向关联方开具发票，进而将留抵税额转嫁给关联公司。但交易必须真实合理，价格公允。

④老板、员工从公司借款，未归还。

处理方法：企业注销前应自查"其他应收款"等往来科目，确保款项已归还或调整。

⑤印花税未足额缴纳。

处理方法：企业应提前自查并补缴未缴纳的印花税。

26 单位偷税,谁应承担责任?

金税四期背景下,企业面临的是更加精准、严格的税收监管,税务机关时刻都在用智慧手段警醒企业一定要遵纪守法。

然而,始终有人抱着侥幸的心理,在利益面前铤而走险。

正所谓,贪心不足蛇吞象,一旦做出税收违法行为,必定要承担相应的法律责任。

那么,如果公司逃税了,该由谁去承担法律责任呢?

有些财会从业人员可能会忍不住在心中反问:背锅侠莫非是我?

在实务中,财会人员确实很难做,既要在国家法律的规定下从业,又要在老板的要求下做事。碰到一些无理的"税收降本"要求时,财会人员也是哭笑不得、进退两难。

那么,公司偷逃税款了,财务工作者是不是第一个被追责的呢?

公司存在的偷税等税收违法行为,实际上是由公司相关人员操作产生的。

公司偷税等税收违法行为一旦被税务机关稽查发现，首先要承担的责任，就是行政方面的相关责任，因此，公司应当及时补缴税款及缴纳罚金。如果经过税务机关的多次催缴之后，公司仍然拒不缴税，这可能就会涉及刑事责任的承担问题了。

我们来看一个典型的案例：

老陈是辰辰公司的老板，为了偷逃税款，要求公司会计小王通过瞒报、少报收入的形式逃避税额 82 万元。税务机关稽查后，对辰辰公司出具了税务处理决定书和行政处罚决定书，要求辰辰公司补缴 82 万元的税款，同时缴纳 82 万元罚款。辰辰公司觉得补缴的税额太多，干脆置之不理。

移交法院审理后，辰辰公司和老陈的行为被认定为逃税罪，辰辰公司被判处罚金 10 万元，老陈被判决 3 年有期徒刑，并处罚金 5 万元。

由此可见，公司偷逃税款，首先承担的就是行政责任，也就是补缴税款和缴纳罚金，如果经过税务机关催缴后还不履行，后果就非常严重了。

《中华人民共和国刑法》 第三十条

公司、企业、事业单位、机关、团体实施的危害社会的行为，

> 法律规定为单位犯罪的，应当负刑事责任。
>
> ### 《中华人民共和国刑法》 第三十一条
>
> 单位犯罪的，对单位判处罚金，并对其直接负责的主管人员和其他直接责任人员判处刑罚。本法分则和其他法律另有规定的，依照规定。

上面的案子中，瞒报、少报企业收入的操作是由会计小王在老陈的指使下进行的，但承担责任去坐牢"踩缝纫机"的，却是发布这项指令的老板（也即法定代表人）老陈。

一般情况下，单位犯罪时，刑法只追究两种人的法律责任：一种是单位的直接负责人，也就是要求实施违法行为的老板或者主管，包括法定代表人、财务经理、财务总监；另一种是直接责任人，也就是违法行为的经办人，一般情况下，就是财会人员。

如果案例中的老陈要求小王虚开发票，小王不仅没有阻止、举报，反而主动请缨，要为老板多省钱，大量虚开造假，那么小王自然也应该承担相应的法律责任。

不管是行政处罚还是刑事处罚，对于偷逃税款单位的相关人员来说，代价都是巨大的。

在金税四期强大的稽查功能之下，税务监管将会更加透明高效，企业老板千万不要为了少缴税款而抱着侥幸的心理去以身试法，这样不但会给企业经营带来巨大的税务风险隐患，也会让自己的人生陷入不必要的窘境之中。

税法小课堂

单位偷税会有什么后果？谁将承担法律责任？

根据我国法律规定，单位偷税将会给单位和相关责任人带来不良后果。

对于单位而言，一是罚款。一般来说，偷税的单位会被处以罚款。罚款的金额根据偷税的数额和情节严重程度来确定。二是吊销营业执照。如果单位偷税情节严重，可能会被吊销营业执照，停止营业。

对于相关责任人而言，如果单位偷税，其法定代表人、主要负责人和其他直接责任人员可能会受到刑事处罚。如果单位偷税的数额达到一定标准，涉及的个人也可能会被追究刑事责任，严重的可能会面临刑事拘留或监禁。此外，个人除了可能被处以刑事处罚外，还可能被处以罚金。

单位的偷税行为可能会导致单位和相关负责人同时被追究法律责任。通常，法定代表人、主要负责人或其他直接负责的人员会因为单位偷税而承担主要责任。如果证据确凿，他们可能会因此被追究刑事责任，包括但不限于拘役、管制、有期徒刑等。

27　当事人坐牢了，税款和滞纳金、罚款还会被追缴吗？

偷税等税收违法行为在行政处罚上主要有三种方式：补缴税款、加收滞纳金和处以罚款。

同时，如果纳税人的偷税等违法行为触犯了刑法，还会被追究相应的刑事责任。和一般人理解的不同，刑事责任除坐牢之外，还有罚金这一刑罚方法。

也许有人会问，我都已经因为偷税被法院判决坐牢了，我的税款或者滞纳金、罚款是不是不用再交了？

小王有偷税行为，被税务机关稽查发现少缴纳税款20万元，被税务机关作出追缴税款、加收滞纳金和相应罚款的处罚决定后，小王一直置之不理，后被法院判决入狱1年，并处罚金2万元。

在这个案例中，小王被税务机关发现少缴的20万元税款，税务机关是有权依法追征的，这个追征的时间没有期限限制，任何单位和个人都不得对此豁免。

在这个案件的处理过程中，不管是滞纳金、罚款还是判决中的罚金，都不能优先于税款去执行。意思是，要先缴纳完税款，再缴纳罚金的部分。

就算是小王坐牢了，该缴纳的税款也是躲不了的。

税务机关的罚款和法院判决的 2 万元罚金，是不是一样的呢？

行政处罚的罚款和刑事处罚的罚金在本质上是不一样的。但要注意的是，如果刑事判决中已经针对违法税务行为作出了罚金决定，那么这个违法行为就只需要执行罚金的部分了。在判决罚金之前，违法纳税人已经缴纳了税务罚款，可以抵扣相应的罚金。

也就是说，如果小王在刑事判决之前已经缴纳了一部分的税务罚款，该罚款就可以适当地作为罚金被抵扣掉。

> 《中华人民共和国税收征收管理法》 第五十二条
>
> 因税务机关的责任，致使纳税人、扣缴义务人未缴或者少缴税款的，税务机关在三年内可以要求纳税人、扣缴义务人补缴税款，但是不得加收滞纳金。

> 因纳税人、扣缴义务人计算错误等失误,未缴或者少缴税款的,税务机关在三年内可以追征税款、滞纳金;有特殊情况的,追征期可以延长到五年。
>
> 对偷税、抗税、骗税的,税务机关追征其未缴或者少缴的税款、滞纳金或者所骗取的税款,不受前款规定期限的限制。

那么违法纳税人坐牢之后,还需要缴纳滞纳金吗?这就要根据滞纳金的性质来进行区分。

根据性质的差异,滞纳金可以分为税款滞纳金与罚款滞纳金两种。

对于税款滞纳金,当前的普遍观点认为,这种滞纳金是依附于税款而存在的,既然税款都是需要无限期追征的,自然滞纳金应该无限期追征,即使当事人坐牢也不能代替。

而针对罚款滞纳金部分,如果法院已经在刑事判决中判处了罚金刑,那么罚款滞纳金部分自然也就不用缴纳,罚款被罚金吸收。

值得注意的是,罚款滞纳金和税款滞纳金在征收幅度上存在一定的区别。一般情况下,罚款滞纳金最高不能超过罚款本身的金额;而税款滞纳金则属于一种行政行为,在征收时并未设置上限,可以超过税款本身。也就是说,如果欠了20万元税款,税款滞纳金甚至可以达到20万元以上。

总而言之,违法纳税人坐牢并不能免除其补缴税款的义务,就算出狱了,没有缴清的税款仍然有义务补缴完毕。税务罚款则是被刑事上的罚金吸收,判处罚金后,只需要执行罚金,不再执行缴纳罚款。而滞纳金是否要继续缴纳,则要根据滞纳金的性质决定。

由此可见,税字当头,没有捷径,唯有依法合规纳税,才是一条康庄大道。

税法小课堂

当事人坐牢了,税款和税务罚款、滞纳金还会被追缴吗?

①税款。

根据国税函〔2005〕813号文件,纳税人欠缴的税款是需要税务机关依法追征的,直到税款完全缴纳入库为止。

即使纳税人因偷税被判刑并坐牢,也不能豁免其欠缴的税款。坐牢并不能视作抵偿或替代欠缴的税款。

②税务罚款。

如果在刑事案件中已被判处罚金,那么税务罚款在法律上是被该罚金所替代的。这意味着纳税人只需支付判决中的罚金,无须再支付税务罚款。

若在被判处罚金之前已缴纳税务罚款,这部分金额可以用来抵减应支付的罚金。

某些地方税务机关在法院判处罚金后继续追缴税务罚款的做法在法律上是不允许的。纳税人有权提起行政诉讼来应对此类不合法的追缴行为。

③滞纳金。

滞纳金有两种,即税款滞纳金和罚款滞纳金。

对于税款滞纳金,考虑到税款在所有款项中具有优先权,并且税务机关会持续追征欠缴税款,因此税款的滞纳金也是需要纳税人继续支付的,即使其已被判刑。

对于罚款滞纳金,如果税务罚款被刑事罚金所替代,那么与税务罚款相关的滞纳金也应当随之终止。

第五章 虚开发票罪

28 什么是虚开发票？

发票，我们或多或少都接触过，它是在购销商品、提供或者接受服务以及从事其他经营活动时，开具、收取的收付款项凭证。

简单来说，发票就是发生的成本、费用或收入的原始凭证。有了它，就能够证明我们为某件事付出了钱。

对于员工来讲，发票主要是用来报销的。只要用途没问题，发票也准备妥当，大大小小的公务开销都可以在公司报销。

对于公司来讲，发票主要作为做账的依据，同时也是抵税的费用凭证。核查一家公司的税务，发票一定是少不了的。

不过，发票对于企业而言也有其他用途。比如说增值税专用发票，也就是"专票"，是企业抵扣进项税额的凭证，在公司缴纳税款时可以进行抵扣。换句话说就是能够省钱。

有的人可能就会动歪心思："我不说，公司哪里会知道我实际花了多少钱呢？比如我出差，住宿实际花了500元，让对方给我开一张800元的发票，拿回公司报销800元，我倒赚了300元。"

有些公司也不老实："掏钱的发票就能扣除，那我只管向对方收钱开发票算了，岂不是空手套白狼？"

那就不巧了，监管单位正等着他们呢。

不如实开具发票的行为，一般就叫"虚开发票"，这可是件很严重的事情。

个人虚开发票虚报费用，轻则受到处分，重则构成财务欺诈，罪名不小。

如果企业虚开的发票是增值税专用发票，那就涉嫌虚开增值税专用发票、用于骗取出口退税、抵扣税款发票罪。对于直接负责人的处罚起步便是有期徒刑，不可谓不严重。

《中华人民共和国发票管理办法》 第二十二条

开具发票应当按照规定的时限、顺序、栏目，全部联次一次性如实开具，并加盖发票专用章。

任何单位和个人不得有下列虚开发票行为：

（一）为他人、为自己开具与实际经营业务情况不符的发票；

（二）让他人为自己开具与实际经营业务情况不符的发票；

（三）介绍他人开具与实际经营业务情况不符的发票。

《中华人民共和国税收征收管理法》 第六十三条

纳税人伪造、变造、隐匿、擅自销毁账簿、记账凭证，或者在账簿上多列支出或者不列、少列收入，或者经税务机关通知申报而拒不申报或者进行虚假的纳税申报，不缴或者少缴应纳税款的，是偷税。对纳税人偷税的，由税务机关追缴其不缴或者少缴的税款、滞纳金，并处不缴或者少缴的税款百分之五十以上五倍以下的罚款；构成犯罪的，依法追究刑事责任。

扣缴义务人采取前款所列手段，不缴或者少缴已扣、已收税款，由税务机关追缴其不缴或者少缴的税款、滞纳金，并处不缴或者少缴的税款百分之五十以上五倍以下的罚款；构成犯罪的，依法追究刑事责任。

不管是个人还是企业，都应该明确认识到虚开发票是违法行为，会给个人和企业带来严重的法律后果。我们应该诚信经营，开具真实发票，依法纳税。

税法小课堂

（1）哪些情况属于虚开发票的行为？

虚开发票是指在没有实际交易的情况下，擅自或通过他人开具的发票，其内容与实际交易情况不符。根据我国相关规定，有下列行为之一的，属于虚开发票：

①没有货物购销或者没有提供或接受应税劳务；

②有货物购销或者有提供或接受应税劳务，但开具的数量或者金额不实；

③进行了实际经营活动，但让他人为自己代开。

具体而言，虚开发票又可以分为让他人为自己虚开发票、介绍他人虚开发票、为自己虚开发票、为他人虚开发票等四种情况。这里容易被忽视的是，介绍他人虚开发票也属于虚开发票行为之一，特别是一些中介机构，除了给老板们出谋划策外，还顺便提供一条龙服务，风险极高，后果非常严重。

（2）为了确保不属于虚开发票，开具发票时应该注意哪些问题？

第一，确保发票背后有真实的货物交易或服务提供。简而言之，你不能仅仅为了税收优惠或其他目的而开具发票，而是必须有实际的商业活动为其支撑。

第二，发票上列明的内容（如商品、服务、数量、金额等）必须与实际交易完全一致。不能夸大或低报交易金额。

第三，要及时开具发票。按照国家规定的时间限制，及时为交易开具发票，不得延误或预先开具。

第四，要正确使用发票。发票只能由合法的、有资格的实体或个人开具。不能使用别人的发票，也不能替他人开具发票。按规定使用发票专用章。

第五，要保留好与交易相关的所有文件和记录，如合同、交货单、运输物流单、服务交付记录等，以便在税务检查时提供证明。

第六，避免与那些专门提供虚假发票的个人或机构合作。即便是在缺少发票的情况下，也千万不要选择此类服务。

29 虚开增值税专用发票，将面临什么后果？

小林经营着一家小型外贸企业。公司总体的业务量并不大，他经营起来也算得心应手。

最近，小林的公司发展势头良好，小林也打算趁势扩张规模，但这样一来，短期内的成本压力骤然增加。小林的资金压力逐渐大了起来。

企业规模的扩大，按理来说是一件好事，解决资金压力的方法也有很多，可谁曾料想，小林却偏偏干了一件糊涂的事。

有一天下午，供应商小木来小林公司喝茶，闲聊间，小林说出了最近的烦恼，生意不好做，资金压力大，觉都睡不好。小木神秘地说，他有一个共同发财的好路子。是啥呢？小木说："你把采购价提高，我公司按提高后的价格给你公司开增值税专用发票，高出的部分我公司按 6%收，你公司将产品出口后，可以按 13%退税，这中间 7%的差额就是利润啊!"

还有这等好事？小林一算，7%，100万就多得7万，1000万就多得70万，做同样的业务，神不知鬼不觉就多出70万利润啊！"有风险吗？"小林问。小木说："这事儿你不说我不说，天知地知你知我知，哪有什么风险？"两人一拍即合，说干就干，乐不可支。

好景不长，小林公司虚开增值税专用发票用于骗取出口退税的事也很快被查处。根据我国法律规定，虚开增值税专用发票或者虚开用于骗取出口退税、抵扣税款的其他发票的，虚开的税款数额在10万元以上或者造成国家税款损失数额在5万元以上的，应予立案追诉。小林以涉嫌虚开增值税专用发票罪被检察院起诉至法院。所以，"要想人不知，除非己莫为"，不要自以为是，低估了税务机关的能力。

《最高人民检察院、公安部关于公安机关管辖的刑事案件立案追诉标准的规定（二）》 第五十六条

〔虚开增值税专用发票、用于骗取出口退税、抵扣税款发票案（刑法第二百零五条）〕虚开增值税专用发票或者虚开用于骗取

出口退税、抵扣税款的其他发票，虚开的税款数额在十万元以上或者造成国家税款损失数额在五万元以上的，应予立案追诉。

《中华人民共和国刑法》 第二百零五条

虚开增值税专用发票或者虚开用于骗取出口退税、抵扣税款的其他发票的，处三年以下有期徒刑或者拘役，并处二万元以上二十万元以下罚金；虚开的税款数额较大或者有其他严重情节的，处三年以上十年以下有期徒刑，并处五万元以上五十万元以下罚金；虚开的税款数额巨大或者有其他特别严重情节的，处十年以上有期徒刑或者无期徒刑，并处五万元以上五十万元以下罚金或者没收财产。

单位犯本条规定之罪的，对单位判处罚金，并对其直接负责的主管人员和其他直接责任人员，处三年以下有期徒刑或者拘役；虚开的税款数额较大或者有其他严重情节的，处三年以上十年以下有期徒刑；虚开的税款数额巨大或者有其他特别严重情节的，处十年以上有期徒刑或者无期徒刑。

虚开增值税专用发票或者虚开用于骗取出口退税、抵扣税款的其他发票，是指有为他人虚开、为自己虚开、让他人为自己虚开、介绍他人虚开行为之一的。

在庭审期间，检方认为，按照《中华人民共和国刑法》的相关规定，虚开增值税专用发票或者虚开用于骗取出口退税、抵扣税款的其他发票的行为，将追究刑事责任，并处罚金。小林的行为已构成虚开增值税专用发票罪，需要承担刑事责任。

经过审理，法院认定小林虚开增值税专用发票罪成立，判处有期徒刑七个月，并处罚金。小林为自己一时贪图小便宜的行为付出了代价。

虚开增值税专用发票是严重的违法犯罪行为，一旦触及了红线，后果不堪设想。

税法小课堂

（1）虚开增值税专用发票罪的立案标准是多少？

虚开增值税专用发票或者虚开用于骗取出口退税、抵扣税款的其他发票的，虚开的税款数额在十万元以上或者造成国家税款损失数额在五万元以上的，应予立案追诉。

（2）虚开增值税专用发票罪的处罚结果有哪些？

虚开发票一旦达到一定金额，就可能被正式立案调查，根据虚开金额和情节严重性，会受到不同程度的法律处罚，包括刑期和罚金。

其中，刑期和罚金的量刑标准如下：

虚开的税款数额在十万至五十万元之间，造成的国家税款损失数额在五万至三十万元之间，构成虚开增值税专用发票罪的第一档，可被判处三年以下有期徒刑，并处二万元以上二十万元以下的罚金；

虚开的税款数额在五十万至二百五十万元之间，造成国家的税款损失数额在三十万至一百五十万元之间，构成虚开增值税专用发票罪的第二档，可被判处三年以上十年以下有期徒刑，并处罚金五万至五十万元；

虚开的税款数额在二百五十万元以上，造成国家税款损失在一百五十万元以上，构成虚开增值税专用发票罪的第三档，可被判处十年以上有期徒刑，并处五万元以上五十万元以下的罚金，以及没收个人财产的处罚。刑期和罚金的量刑标准如表5-1所示。

表5-1 刑期和罚金的量刑标准

	虚开行为	处罚结果
第一档	10万元＜虚开的税款数额＜50万元，5万元＜造成的国家税款损失数额＜30万元	判处3年以下有期徒刑，并处2万元以上20万元以下的罚金
第二档	50万元＜虚开的税款数额＜250万元，30万＜造成的国家税款损失数额＜150万元	判处3年以上10年以下有期徒刑，并处罚金5万元到50万元
第三档	虚开的税款数额>250万元，造成的国家税款损失数额>150万元	判处10年以上有期徒刑，并处5万元到50万元的罚金，以及没收个人财产处罚

（3）虚开普通发票罪的处罚结果有哪些？

很多人知道虚开增值税专用发票后果很严重，误以为虚开普通发票没什么问题，至少不触及刑法，其实是大错特错。

《中华人民共和国刑法》第二百零五条规定以外的其他发票，涉嫌下列情形之一的，应予立案追诉：

①虚开发票一百份以上或者虚开金额累计在四十万元以上的；

②虽未达到上述数额标准，但五年内因虚开发票行为受过行政处罚二次以上，又虚开发票的；

③其他情节严重的情形。

《中华人民共和国刑法修正案（八）》第三十三条规定：在刑法第二百零五条后增加一条，作为第二百零五条之一："虚开本法第二百零五条规定以外的其他发票，情节严重的，处二年以下有期徒刑、拘役或者管制，并处罚金；情节特别严重的，处二年以上七年以下有期徒刑，并处罚金。

"单位犯前款罪的，对单位判处罚金，并对其直接负责的主管人员和其他直接责任人员，依照前款的规定处罚。"

30 虚开发票罪、虚开专用发票罪、违法虚开、犯罪虚开分别是什么？

在社会生活中，税务发票可以说是包罗万象。身在职场，开发票是一件再正常不过的事了。因为收货款要发票，报销要发票，抵扣税款也要发票，在税收的世界里，发票与现金很多时候是画等号的。

有的人一旦与钱扯上关系，往往就变得不理智了，于是通过各种五花八门的方式取得发票，其中就包括虚开发票。他们看到发票两眼放光，眼里只有发票带来的短期好处，却忽视了因此带来的巨大风险。

实践中，这样的事还真不少。特别是虚开增值税专用发票，钻了增值税专用发票"抵扣税款"这一好处的空子。它最典型的特点就是简单粗暴有效，简而言之，就是用不正当的手段"薅了社会主义市场经济的羊毛"。但后果也非常严重，很容易就会构成虚开增值税专用发票罪。

让我们来看一个简单例子。

小汪开了一家物流公司,属于一般纳税人,由于公司购买的一些货物和发生的经营性开支没有取得发票,公司老会计做不了账,认为将无票支出列支到经营成本里面会造成成本增加。

小汪听说朋友小徐的公司有很多"富余票",可以帮人开具增值税专用发票,该发票不仅可以帮他解决因购买货物没有发票而不能进项抵扣的问题,而且还可以让他在税前列支,少缴点企业所得税。

于是他立刻找到小徐,用付费开票的方法购买到了一些增值税专用发票,将其作为公司的成本支出列支,并且抵扣了相应的增值税税款。

在这种情况下,无论是购买增值税专用发票用以少缴税的小汪公司,还是胆大包天把增值税专用发票卖给小汪的小徐公司,都触犯了虚开增值税专用发票罪。

通过虚假的增值税专用发票,小汪的公司偷逃了税款,造成了国家税款的流失。

税收无法正常征管,发票管理规定也被"视而不见",你说这两个人讨不讨厌?

小徐觉得自己特别冤枉：我公司给小汪公司开的发票，都按规定申报纳税了呀，只顺便收了个辛苦费而已，也犯法了？

小徐还真不冤枉。细想一下，他公司的"富余票"哪里来的？一定是他们公司存在隐匿收入的情形，也就是他的客户都不要求他们公司开发票，但是他又有很多的进项票，进项没有销项来抵，在申报表上就会形成留抵，无法变现，于是才有了卖票的动机。小徐公司的这一做法让小汪的公司实现了税收抵扣，少缴了税，而其公司实现了套现，从国家整体层面来看，造成了税款的流失，他们的行为严重干扰了国家机关正常的税收管理行为，性质是非常恶劣的。

很多时候，虚开发票可能就是为了报个假账。但是，对于虚开增值税专用发票的单位或者个人，其用来进项抵扣或者退税，根本目的就是骗取国家税款。

> **《中华人民共和国刑法》 第二百零五条**
>
> 　　虚开增值税专用发票或者虚开用于骗取出口退税、抵扣税款的其他发票的，处三年以下有期徒刑或者拘役，并处二万元以上二十万元以下罚金；虚开的税款数额较大或者有其他严重情节的，处三年以上十年以下有期徒刑，并处五万元以上五十万元以下罚金；虚开的税款数额巨大或者有其他特别严重情节的，处十年以上有期徒刑或者无期徒刑，并处五万元以上五十万元以下罚金或者没收财产。
>
> 　　单位犯本条规定之罪的，对单位判处罚金，并对其直接负责的主管人员和其他直接责任人员，处三年以下有期徒刑或者拘役；虚开的税款数额较大或者有其他严重情节的，处三年以上十年以下有期徒刑；虚开的税款数额巨大或者有其他特别严重情节的，

> 处十年以上有期徒刑或者无期徒刑。
>
> 虚开增值税专用发票或者虚开用于骗取出口退税、抵扣税款的其他发票,是指有为他人虚开、为自己虚开、让他人为自己虚开、介绍他人虚开行为之一的。

也许有人会问,都是开假发票,虚开发票罪和虚开增值税专用发票罪,谁的刑罚会更重?

总体来看,两个罪名虽然都扰乱了社会主义市场经济秩序,但是虚开发票罪与虚开增值税专用发票罪相比,明显是小巫见大巫,毕竟前者只是侵犯了发票管理制度,而后者侵犯的是国家的税收征管秩序。

增值税专用发票本身就是国家为了构建新的增值税制度而推行的,"税款抵扣"就是它独一无二的功能。

钻空子都要逮着独一无二的增值税专用发票来下手,破坏整个抵扣链条的游戏规则,不处罚你处罚谁?

同时,虽然虚开发票的行为违反了发票管理制度,但是违法虚开与犯罪虚开之间仍然有本质的差别,是否涉嫌刑事犯罪,还要看幅度与性质。

一般意义上,开假发票都是违法行为,但是犯罪与否,还需要进一步判断。

对于虚开增值税专用发票的行为,鉴于小汪已经用其非法抵扣了税款,造成了国家的税款流失,所以其行为被认定为犯罪虚开。

违法虚开和犯罪虚开在性质和法律后果上存在一定的区别。

在判断是违法虚开还是犯罪虚开时,通常会综合考虑虚开发票的金额、次数、造成的国家税收损失、行为人主观故意等多种因素。

税法小课堂

（1）虚开发票罪和虚开增值税专用发票罪有什么区别？

《中华人民共和国刑法》（以下简称《刑法》）对"虚开发票"和"虚开增值税专用发票"两种行为有着明确的区别和规定：

①概念不同。

虚开增值税专用发票罪，针对的是虚开对象为增值税专用发票的行为，这类发票通常用于税收抵扣或退税。虚开发票罪，涵盖虚开对象为除增值税专用发票以外其他各类发票的行为。

②处罚上存在差异。

虚开增值税专用发票罪：在《刑法》第二百零五条中规定。处罚比较重，可以根据具体情节判处有期徒刑或拘役，同时根据金额大小并罚金或没收财产。

虚开发票罪：在《刑法》第二百零五条之一中规定。相对于前者，处罚较为轻微，但仍可根据情节判处有期徒刑、拘役或管制，并处罚金。

③处罚的金额不同。

由于增值税专用发票关系到税收抵扣和退税，涉及的金额和对国家税收的影响通常较大，因此，对虚开增值税专用发票的处罚相对较重。

而虚开其他类型的发票，虽然同样违法，但由于其对税收的影响可能相对较小，因此处罚相对较轻。

（2）什么是违法虚开和犯罪虚开？

违法虚开和犯罪虚开都是指开具与实际经营业务情况不符的

发票的行为，但它们在法律定性、处理方式及后果和影响上有所不同。

①法律定性。

违法虚开：通常指的是行为人虚开发票的行为违反了税务管理法律和法规，但尚未达到《刑法》上定性为犯罪的标准。简而言之，这是一种违反税收管理的行为。

犯罪虚开：当虚开发票的行为达到《刑法》所规定的立案标准和界限时，虚开行为就构成了犯罪。

②处理方式。

违法虚开：由税务部门按照税务管理法规进行行政处罚，如罚款、没收违法所得等。

犯罪虚开：由公安机关或检察院介入，进行刑事立案调查和追诉，可能导致刑事处罚，如有期徒刑、拘役、罚金等。

③后果和影响。

违法虚开：通常受到的是行政性质的处罚，影响相对较小，但会在税务征信系统中留下不良记录。

犯罪虚开：除了刑事处罚外，还会在刑事征信系统中留下犯罪记录，严重影响个人或企业的声誉和未来发展。

31 什么是善意取得虚开增值税专用发票？

生活总是会厚待善良的人，法律同样如此。

那么，法律意义上善意取得虚开增值税专用发票又是什么意思呢？

难道是说这张发票是行为人做好事换来的吗？做好事倒不一定，很多时候，判断法律上的善意，一是是否不知情，二是交易是否真实可查。

我们来一起看这样一个例子：

小明是一家纺织品公司的老板。某天，"坑你没商量"金属材料公司的业务员小方在上门向小明推销业务时，介绍说他公司正好有一批质量很好的铜带正在促销。恰巧，小明公司正在加工的一批衣服所用的纽扣正好需要这个铜带，于是双方顺利地签订了采购合同。

小方按照合同要求把货物运输到了小明公司的库房，货物品质、规格等也都完全符合要求。过了几天，小方把此次交易涉及的增值税专用发票从芜湖快递给小明公司,随后,小明公司也把货款汇到了"坑你没商量"金属材料公司的账户,双方交易圆满结束,此后再也没有其他方面的业务往来。

芜湖市税务局在稽查时发现,小方提供给小明公司的这份由"坑你没商量"金属材料公司开具的增值税专用发票是虚开的。

经过深入调查,税务局还了解到,小明公司购买的货物名称、规格型号、数量、金额、税额等数据和专用发票上标注的内容完全一致,并且交易手续齐全,也没有其他证据显示小明公司对小方虚开发票的事情知情,也没有发现小明公司支付的货款有回流的情况。

在这种情况下,小明公司取得的专用发票就属于善意取得虚开增值税专用发票。

《国家税务总局关于纳税人善意取得虚开的增值税专用发票处理问题的通知》(国税发〔2000〕187号)

购货方与销售方存在真实的交易,销售方使用的是其所在省(自治区、直辖市和计划单列市)的专用发票,专用发票注明的销售方名称、印章、货物数量、金额及税额等全部内容与实际相符，且没有证据表明购货方知道销售方提供的专用发票是以非法手段获得的，对购货方不以偷税或者骗取出口退税论处。但应按有关规定不予抵扣进项税款或者不予出口退税；购货方已经抵扣的进项税款或者取得的出口退税，应依法追缴。

购货方能够重新从销售方取得防伪税控系统开出的合法、有效专用发票的，或者取得手工开出的合法、有效专用发票且取得了销售方所在地税务机关已经或者正在依法对销售方虚开专用发票行为进行查处证明的，购货方所在地税务机关应依法准予抵扣进项税款或者出口退税。

从上面的例子我们可以看出，善意取得虚开增值税专用发票，指的是购买方（受票方）不知道销售方或者提供服务方向自己开具的这张增值税专用发票是虚开的。具体有以下几方面。

（1）要有真实的交易。小明公司确实购入了铜带，公司的库房有清晰的入库记录可以证明，小明公司有付款给"坑你没商量"金属材料公司的转账凭证。

（2）对方提供的发票是其所在地的专用发票。"坑你没商量"金属材料公司虚开增值税专用发票的问题是芜湖市税务局稽查到的，证明这张专用发票是在芜湖当地虚开的。

（3）这张发票上的销售方名称、印章、货物数量、金额及税额等数据信息和实际情况完全一致。

（4）没有其他证据能够证明购买方（受票方）知道这是一张虚开的发票。

俗话说："雁过留声，人过留名。"对于买卖合同以及其他交易活动而言，当事方保留相应的交易记录及痕迹是非常重要的。

作为购买方（受票方），要想证明被稽查出的虚开增值税专用发票是善意取得的，需要提供相应的证据材料作为支撑，即不仅要提供证明交易真实存在的证据，而且要表明，在从对方手中拿到专用发票时，确实对票面信息与业务交易内容的一致性进行了仔细核对。

法律上的"善意"其实并不难得，难得的是保存好支撑"善意"的证据。

法律保护交易真实、全然不知情的善意购买方（受票方），不但是为了维护正常的市场交易行为，也是为了督促当事方注意防范税务违法风险，切实提高认识，严格谨慎交易，及时查漏补缺，配合正常的税务稽查行为。

税法小课堂

（1）什么是善意取得虚开增值税专用发票？

善意取得虚开的增值税专用发票，是指购买方（受票方）在与销售方（开票方）进行真实交易时，取得了增值税专用发票，但购买方（受票方）并不知道该发票是销售方（开票方）虚开的。

（2）如何证明取得虚开增值税专用发票是善意取得的？

购买方（受票方）要想证明取得虚开的增值税专用发票是善意取得的，必须确保以下四个条件同时得到满足：

①提供证据，显示购买方与销售方之间确实存在真实的交易；

②提供销售方所在地区的增值税专用发票；

③确保专用发票上的所有细节信息（如销售方名称、印章、货物数量、金额及税额等数据信息）与实际交易相符；

④无任何其他证据表明购买方在交易过程中知道该发票是通过非法手段获得的。

此外，如果购买方能够重新从销售方那里获得防伪税控系统开出的合法、有效的增值税专用发票，或者取得了手工开出的合法、有效的增值税专用发票，并从销售方所在地的税务机关取得证明显示销售方的虚开行为正在被依法查处，那么购买方的善意取得也会得到进一步的证实。

（3）如何证明购买方与销售方之间存在真实交易？

要证明交易真实，需要提供以下信息和材料：

①购销合同；

②发货单、运输或物流资料、入库单；

③发票联、抵扣联；

④付款凭证；

⑤如已销售，需要提供销售相关资料，如合同、送货单、出库单、发票等；

⑥该笔业务对方联络员的信息。

32 对于纳税人善意取得虚开的增值税专用发票,应如何处理?

很多纳税人认为,我老老实实做人,本本分分做生意,我不开假发票,我也不卖假发票,虚开增值税专用发票这种事,再怎么着也不会找上我吧!

俗话说:"人在河边走,哪有不湿鞋?"在现实中,有心人士可不管你品性如何,稍微一不注意,一些披着虚假外壳的增值税专用发票就会进入遵纪守法的纳税人手中。

黄黄食品加工厂从牛牛公司购买了一些生鲜牛肉,牛牛公司向黄黄公司开具了相应的增值税专用发票,黄黄公司取得该专用发票后抵扣了相应的进项税款。后来,牛牛公司所在市税务局在稽查中发现,牛牛公司向黄黄公司开具的增值税专用发票系虚开发票,于是,市税务局就向黄黄公司下发了一张《已证实虚开通知单》,黄黄公司收到该通知单时并没在意,认为自己付钱购买牛肉,对方公司的违法虚开发票行为和自己没半毛钱关系,甚至还暗自窃喜:"当初从你那购买牛肉不肯优惠少价,现在因违法乱纪掉进阴沟里了吧,活该!"没想到时隔不久,黄黄公司所在地税务局下发了通知:你公司已被立案调查。

此时,黄黄公司所能够做的,就是要证明自己是善意取得虚开的增值税专用发票,否则就会面临相应的处罚。

要证明自己系善意取得虚开增值税专用发票的纳税人,黄黄公司需要提供相关交易资料来证明自己和牛牛公司之间的交易是真实的;同时要明确,自己收到牛牛公司寄来的专用发票上的信息,如销售方名称、印章、货物数量、金额及税额等数据信息等内容,都和交易的实际情况一致。

如果税务局也发现黄黄公司确实不知道牛牛公司提供的是虚开的增值税专用发票,那么就可以认定黄黄公司系善意取得了虚开的增值税专用发票。

《国家税务总局关于纳税人善意取得虚开的增值税专用发票处理问题的通知》(国税发〔2000〕187号)

购货方与销售方存在真实的交易,销售方使用的是其所在省（自治区、直辖市和计划单列市）的专用发票，专用发票注明的销售方名称、印章、货物数量、金额及税额等全部内容与实际相符，且没有证据表明购货方知道销售方提供的专用发票是以非法手段获得的，对购货方不以偷税或者骗取出口退税论处。但应按有关规定不予抵扣进项税款或者不予出口退税；购货方已经抵扣的进项税款或者取得的出口退税，应依法追缴。

购货方能够重新从销售方取得防伪税控系统开出的合法、有效专用发票的，或者取得手工开出的合法、有效专用发票且取得了销售方所在地税务机关已经或者正在依法对销售方虚开专用发票行为进行查处证明的，购货方所在地税务机关应依法准予抵扣进项税款或者出口退税。

《国家税务总局关于纳税人对外开具增值税专用发票有关问题的公告》（国家税务总局公告 2014 年第 39 号）

纳税人通过虚增增值税进项税额偷逃税款，但对外开具增值税专用发票同时符合以下情形的，不属于对外虚开增值税专用发票：

一、纳税人向受票方纳税人销售了货物，或者提供了增值税应税劳务、应税服务。

二、纳税人向受票方纳税人收取了所销售货物、所提供应税劳务或者应税服务的款项，或者取得了索取销售款项的凭据。

三、纳税人按规定向受票方纳税人开具的增值税专用发票相关内容，与所销售货物、所提供应税劳务或者应税服务相符，且该增值税专用发票是纳税人合法取得、并以自己名义开具的。

受票方纳税人取得的符合上述情形的增值税专用发票，可以作为增值税扣税凭证抵扣进项税额。

> **《国家税务总局关于纳税人善意取得虚开增值税专用发票已抵扣税款加收滞纳金问题的批复》（国税函〔2007〕1240号）**
>
> 一、如认定为善意取得，如能重新取得合法、有效的发票，准许其抵扣进项税款。
>
> 二、如不能重新取得合法、有效的发票，不准其抵扣进项税款或追缴其已抵扣的进项税款。
>
> 三、对纳税人善意取得虚开的发票被依法追缴已抵扣税款的，不加收追缴的已转出进项税额的滞纳金。
>
> 四、恶意取得虚开发票，将会依法受到严厉的税收处罚甚至刑事处罚。

认定了发票为善意取得之后，黄黄公司是不是就可以将此事抛在脑后了呢？

并不是的。

对于认定了系善意取得虚开增值税专用发票的黄黄公司，税务局不会认定它是偷税或者骗取出口退税的违法纳税人。

但是，对于善意取得虚开专用发票的购买方（受票方），按照规定，也是不予抵扣进项税额或者不予办理出口退税的。

所以，此前黄黄公司如果已经凭借着虚开的增值税专用发票抵扣了进项税额，就应该按照规定及时补缴已抵扣的税款。

黄黄公司如果觉得委屈，有没有进一步的处理方法呢？

也是有的。如果作为购买方的黄黄公司可以再联系销售方牛牛公司并重新取得合法、有效的专用发票，而且能够拿出牛牛公司所在地税务局已经或正在对牛牛公司此前虚开专用发票的行为进行查处的证明，则黄黄公司所在地税务局就应该依法准予黄黄公司抵扣进项税款。

同时，为了保护善意购买方（受票方）的合法权益，如果税务机关在黄黄公司抵扣进项税款之前，就已经知道黄黄公司取得的专用发票是牛牛公司非法取得的，就应当依法告知黄黄公司。

税法小课堂

纳税人善意取得虚开的增值税专用发票，如何处理？

①处理方法。

对于善意取得虚开的增值税专用发票的购买方（受票方），税务机关不会对其以偷税或者骗取出口退税的方式论处。

应当按照有关规定不准予其抵扣进项税款或者不准予出口退税。

若购买方（受票方）已经抵扣了进项税款或者取得了出口退税，税务机关应依法追缴，即购买方（受票方）应依法补缴该部分税款，但不得加收滞纳金。

②进一步处理。

如果购买方（受票方）能够重新从销售方取得合法、有效的专用发票，并且取得了销售方所在地税务机关已经或者正在依法对销售方虚开专用发票行为进行查处的证明，那么购买方（受票方）所在地的税务机关应依法准予购买方（受票方）抵扣进项税款或者出口退税。

③特别情况。

如果存在证据表明购买方（受票方）在进项税款得到抵扣或者获得出口退税前知道该专用发票是销售方以非法手段获得的，那么购买方（受票方）所在地税务局应按照相关通知的规定处理购买方（受票方）。

33 "四流"不一致就一定是虚开发票吗？

四流一致是税务机关进行税务风险检查的一个重要指标。

四流一致其实是用来判断业务真实性的一种方式。首先，要知道什么是四流。四流就是合同流、货物流（服务流）、资金流和发票流。正常情况下，这四流是会保持一致的，也就是说合同的签订、货物（服务）的销售或提供、资金的收付以及发票信息的开具会相互统一。

接下来，让我们用一个简单的例子来解读一下四流一致的合同流、货物流（服务流）、资金流与发票流。

小雪人公司将打火机卖给了小火柴公司。

合同流，指的是小雪人公司与小火柴公司签订了完整的销售合同。销售合同中规定的购销主体、数量、单价、金额等信息要与实际业务相一致，否则就会产生合同流不一致的风险。比如，两家公司明明签订的是售卖打火机业务，交易的却是其他货物，或者合同约定的购销主体是小雪人和小火柴公司，最终做买卖的却是其他主体，这显然是合同流不一致的情形。

货物流（服务流），指的是双方签订合同后，小雪人公司按照合同约定将打火机交付给小火柴公司。发货方与收货方，以及运输工具和方式等要与合同中规定的内容相一致，否则就会产生货物流（服务流）不一致的风险。小雪人公司如果是用汽车运输的，就应该保存好相关的运输证据；如果是人工搬运的，就要保存好劳务证明，避免产生货物流不一致的风险。

资金流，指的是小火柴公司收到打火机后，按照合同约定将款项支付给小雪人公司。收款方与付款方，以及付款方式等要与合同以及真实业务的要求相一致，否则就会产生资金流不一致的风险。小雪人公司作为收款方，要有一个汇款的票证或者银行的票根作为证据支持，以避免产生资金流不一致的风险。

发票流，指的是小雪人公司收到款项后，按照合同约定将发票开具给小火柴公司。开票方与受票方要与合同以及真实业务的要求相一致，否则就会产生发票流不一致的风险。小雪人公司作为销售方，其应向小火柴公司开具发票，开具发票的相关信息要真实完整，以避免产生发票流不一致的风险。

在这四流里，合同流和发票流是最容易保证一致的，但是资金流和货物流（服务流）就很难保证了，这往往成为识别业务真实性的重要依据，也是税务机关查虚时必查这四流的原因。

《中华人民共和国税收征收管理法》 第五十四条

税务机关有权进行下列税务检查：

（一）检查纳税人的账簿、记账凭证、报表和有关资料，检查扣缴义务人代扣代缴、代收代缴税款账簿、记账凭证和有关资料；

（二）到纳税人的生产、经营场所和货物存放地检查纳税人应纳税的商品、货物或者其他财产，检查扣缴义务人与代扣代缴、代收代缴税款有关的经营情况；

（三）责成纳税人、扣缴义务人提供与纳税或者代扣代缴、代收代缴税款有关的文件、证明材料和有关资料；

（四）询问纳税人、扣缴义务人与纳税或者代扣代缴、代收代缴税款有关的问题和情况；

（五）到车站、码头、机场、邮政企业及其分支机构检查纳税人托运、邮寄应纳税商品、货物或者其他财产的有关单据、凭证和有关资料；

（六）经县以上税务局（分局）局长批准，凭全国统一格式的检查存款账户许可证明，查询从事生产、经营的纳税人、扣缴义务人在银行或者其他金融机构的存款账户。税务机关在调查税收违法案件时，经设区的市、自治州以上税务局（分局）局长批准，可以查询案件涉嫌人员的储蓄存款。税务机关查询所获得的资料，不得用于税收以外的用途。

如果出现四流不一致，会有什么样的后果呢？

《国家税务总局关于加强增值税征收管理若干问题的通知》（国税发〔1995〕192号） 第一点第三款

（三）购进货物或应税劳务支付货款、劳务费用的对象。纳

> 税人购进货物或应税劳务，支付运输费用，所支付款项的单位，必须与开具抵扣凭证的销货单位、提供劳务的单位一致，才能够申报抵扣进项税额，否则不予抵扣。

上面的文件虽制定较早，但依然有效，也应该是大家执着于"四流一致"的出处。通行的解释就是：收款方如果跟开具发票方不一致，也就是资金流不畅，哪怕是真实业务，也会导致企业无法正常抵扣税款增值税。实务中，这个点会被彻底放大，必须严格执行"四流一致"，否则就会被税务机关认定为虚开发票。

然而，只要存在四流不一致，就一定是虚开发票吗？

当然不是！

假如小火柴公司和红彤彤公司存在生意往来，它给红彤彤公司出具了一个委托函，委托红彤彤公司代其向小雪人公司支付购买打火机的货款，红彤彤公司也确实向小雪人公司支付了款项，此时，就会出现一个疑似资金流不一致的情况，但是，由于业务交易是真实发生的，款项的支付也是真实存在且有委托合同的，这就不会被认定为是虚开发票的税收违法行为。

除此之外，实务中出现的受托代发农民工工资、个人支付酒店住宿费、委托付款等情况，就是典型的资金流不一致情形，但只要业务真实，且能够提供相应的佐证资料证明交易的真实性，如委托协议、授权书、第三方协议等，即只要能证明销售方与收款方是一致的，销售方与发货方（或提供方）是一致的，销售方与合同方是一致的，就可以有效避免四流不一致的风险，也不会被认定为虚开发票的税收违法行为。

反之，并不是说只要形式上保持四流一致了，就一定不会被认定为虚开。还以资金流为例，在非真实业务情况下，表面上交易双方是按合同和发票走了账，但背地里一定会出现资金回流问题，这才是识别业务是否真实的"撒手锏"，毕竟假的真不了，真的也假不了。

> **税法小课堂**
>
> （1）四流不一致就一定是虚开发票吗？
>
> 不一定。
>
> 四流即合同流、货物流（服务流）、资金流、发票流，四者之间的不一致可能是由于正常业务操作的特殊业务场景所导致。
>
> 例如，在资金流上，如果出现"总包方受托代发工资"的情况，由于总包方直接代发分包方农民工工资，可能会导致资金流与发票流不一致，但这并不代表是虚开发票。
>
> 再比如，在住宿费发票抵扣问题上，不论纳税人是通过私人账户还是通过对公账户支付住宿费，只要其购买的住宿服务符合现行规定，都可以进项税额抵扣。支付方式并不直接决定是否虚开发票。
>
> 在委托付款和委托收款问题上，有时候，由于业务需要，可能存在资金流动与发票开具不一致的情况。但只要交易真实存在并且证据链齐全，就不会被认定为虚开发票。
>
> （2）四流一致就一定不会被认定为虚开发票吗？
>
> 不一定。
>
> 虚开发票指的是虚假开具的发票，而不是基于真实交易。所以虚开发票情况下，四流肯定是不一致的，因为没有真实的交易作为基础。但现在大家都学乖了，为了应对税务检查，人为伪造

四流的信息，使其保持表面上的一致性。

例如，一个企业可能会编造虚假的交易合同、伪造货物流转记录、模拟资金流转等，使虚开的发票看起来更像是基于真实交易的。但如果深入调查，仍然可以发现其中的不一致或矛盾点，从而被认定为虚开发票。

（3）审核四流是否一致时，有哪些要点？

①合同流。

A. 双方名称及住所：核实双方的名称或姓名以及住所是否清晰、准确。

B. 标的信息：确认合同中的标的（即交易的客体）的数量和质量是否明确。

C. 价款及结算：检查合同中的价款是否明确标明是否含税；同时，合同的结算方式应详细列明。

D. 履行细节：核查合同中关于履行的期限、地点和方式是否详尽明确。

E. 违约责任：是否列明如果双方中的任何一方违约时应承担的责任。

F. 争议解决：合同中应有关于如何解决双方可能出现的争议的明确条款。

②货物流（服务流）。

A. 收货地址：核实货物的收货地址是否与合同或其他相关文件中的地址一致，是不是指定的收货地址。

B. 收货人：确认收货人是否为合同方的员工，以及是否有相关的授权委托书。

C. 物流与运费：核实物流信息的准确性，以及与合同或票据流中的金额是否一致。

D. 交接与记录：审查货物的交接单和出入库单，确认其与实际交付或收货的一致性。

E. 货物交易模式：根据不同的货物交易模式（如多环节交易、挂靠经营等），审查其合规性和一致性。

③资金流。

A. 支付一致性：核实支付和收款的双方是否与合同中的双方一致，以及是否涉及第三方支付或收款。

B. 付款方式：确认付款是否为非现金支付。

C. 支付金额：核查支付金额与合同中的金额是否一致，是否存在差额结算。

D. 资金回流情况：审查是否存在资金从收款方流回支付方的情况。

E. 特殊场景考虑：如总包方受托代发工资，或个人支付酒店住宿费等，需要特殊考虑，并与相关政策相对照。

F. 委托付款和委托收款问题：是否有相关补充协议以及合理性分析。

④发票流。

A. 真实性：确保发票是由真实的交易主体（收款方）开具。

B. 完整性：除了发票外，检查所有与交易相关的其他票据是否齐全，如收据、购货单等。对比账簿上的交易记录与实际持有的票据是否一致。

C. 准确性：核对发票上的交易金额、交易日期、交易方等关键信息是否准确。检查发票是否有修改、涂改或其他疑似造假的痕迹。

D. 关联性：检查发票的出具日期与合同流、货物流、资金流等其他流的时间线是否一致。确保发票与相关的合同流、货物流、资金流有直接关联。

E. 税务合规性：对于增值税专用发票，需要确认是否符合当地税务规定的进项税抵扣要求。检查发票是否符合税收优惠政策的要求（如适用）。

F. 第三方核实：若有疑虑，可以与发票监管机构（如税务机关网站查询）核实交易的真实性。

34 如何防范取得虚开发票？

近年来，随着传播媒介的发展，大家可以通过各种途径了解到虚开发票的严重后果，特别是老板，认识到了税务合规的重要性。但是并不是所有人都有这个觉悟。俗话说得好：害人之心不可有，防人之心不可无。

那么，在正常的生产经营活动中，怎样才能防范取得虚开发票呢？

首先，无论是单位还是个人纳税人，都应该自觉树立正确的防范意识。无论什么时候，都不要抱着一种侥幸的心理，做出虚开发票的行为。只有自己坚守好了合规经营的底线，才会让企业在生产经营中避开虚开发票的红线。

其次，在确定交易前，企业要进行细致全面的调查。要核实交易方的营业执照、开户许可等资质材料是否齐全、是否真实可查，对方是否有涉税方面的不良记录，要核实交易的商品或者服务是否属于对方的经营范围。如果有条件，可以深入对方的生产基地考察来确认；

在运输方面，也要核实对方提供的物流方式是否真实。

最重要的是，企业一定要保存好相关的资料，这样一旦发现取得了虚开发票，也能及时应对。

再次，要注重交易的结算方式。最好选择"公对公"的银行转账结算方式，尽量在交易中不使用现金结算，并且将这种结算方式记载于合同、协议等资料中。

最后，要慎之又慎地核验发票信息。一家企业购买货物，取得了对方开具的增值税专用发票后，要做的第一件事就是在国家发票查验网站上核查这张专用发票的真假，并将自己查验的结果打印保存。

同时，也要仔细核对发票上的销售方信息、银行账号等是否与双方签订的合同一致，查证票面记载的商品名称、规格型号、数量、单价、金额、税额等信息是否真实。

《中华人民共和国刑法》 第二百零五条

虚开增值税专用发票或者虚开用于骗取出口退税、抵扣税款的其他发票的，处三年以下有期徒刑或者拘役，并处二万元以上二十万元以下罚金;虚开的税款数额较大或者有其他严重情节的,处三年以上十年以下有期徒刑,并处五万元以上五十万元以下罚金;虚开的税款数额巨大或者有其他特别严重情节的,处十年以上有期徒刑或者无期徒刑,并处五万元以上五十万元以下罚金或者没收财产。

单位犯本条规定之罪的,对单位判处罚金,并对其直接负责的主管人员和其他直接责任人员,处三年以下有期徒刑或者拘役;虚开的税款数额较大或者有其他严重情节的,处三年以上十年以下有期徒刑;虚开的税款数额巨大或者有其他特别严重情节的,处十年以上有期徒刑或者无期徒刑。

虚开增值税专用发票或者虚开用于骗取出口退税、抵扣税款的其他发票,是指有为他人虚开、为自己虚开、让他人为自己虚开、介绍他人虚开行为之一的。

税法小课堂

如何防范取得虚开发票?

①确保交易真实。

企业应确保每一笔交易都是真实发生的。对于每项采购活动,都应该有对应的合同和其他相关文件来证明其交易的真实性。

对于大宗交易或重要合同,建议进行尽职调查,验证合同的真实性和合法性。

②尽量选择银行转账。

使用银行转账方式支付货款可以为交易留下真实、可追溯的证据,而现金交易很容易被用于伪造虚假交易。

通过银行流水可以验证交易的真实性,且在税务审查时,银行流水是非常有力的证据。

③证据链齐备。

除了合同和银行流水外，还应保存与交易相关的所有文件，如送货单、验收单、通信记录、会议纪要等。

定期进行内部审计和复查，确保所有交易记录的真实性和完整性。

④选择合规、有实力的供应商。

避免与没有实体、信誉不佳或历史上有虚开发票行为的供应商合作。对新供应商进行严格的尽职调查，确保其经营合法且具有一定的经营实力。

定期评估供应商的表现和信誉，对于存在风险的供应商应及时调整合作策略。

⑤部门联动，系统防范。

除了财务部门，其他如采购、法务等部门也应参与到防范取得虚开发票的工作中来，确保从多个角度对交易进行验证。

引入先进的企业管理系统，如ERP系统，自动化检查和核对交易数据，及时发现并预警虚假交易。

对于发现的虚开发票或虚假交易，应进行严格的内部调查，并采取必要的法律手段追究责任。

第三篇
税务稽查与应对

第六章　税务稽查的因与果

35　企业被税务稽查的主要原因有哪些？

对于企业而言，税务稽查就像是孙悟空头上的紧箍咒，很多老板和财务都是谈税色变。为什么会这样惧怕？因为心虚。大家一直在埋怨：中国的税负太重了，中国的税制太复杂了。事实真的是这样吗？应该只是大家为自己偷逃税的行为找的借口罢了。

现实中存在两种情况：第一种是明知不可为而为之，明明知道偷逃税是违法的，但为了少缴点税，铤而走险，抱着侥幸心理；第二种是无知者无畏，因为不懂，因为想当然，导致一些错误的想法和做法，将自己置于风险中而不自知。几乎没有企业敢自信地说自己的公司一点税务问题都没有。这就是大家惧怕税务检查或者税务稽查的原因。

那么，企业被税务稽查的原因到底有哪些呢？

（1）被举报。

企业被知情人举报是一种重要的稽查原因，也是最常见的原因。这种举报可能来自内部人员、外部竞争对手，或与企业有过节的人等。

举报人一般都掌握了企业的违法纳税信息,并向税务机关实名举报,如果这些违法信息的证据完整、事实清晰,税务机关就会启动对企业的税务稽查。税务局会根据举报的内容进行稽查,通常仅限于被举报部分的账目,但如果在检查过程中发现新的线索,则可以扩大稽查范围。

(2)被关联。

因上游供应商出现虚开虚抵的情形,收到税务检查通知,从而引发税务稽查。只要这个链条上任何一个环节发现了虚开,其他各方都不能独善其身。

(3)被抽查。

税务机关每年都会随机抽查一些企业,包括定向抽查与不定向抽查。定向抽查,是指通过划定税务稽查的类型或者条件范围进行的抽查;不定向抽查,是指不设条件的抽查,通过摇号确定待查对象。

税务机关采用随机抽查对象、随机选派检查人员的"双随机"方式进行税务稽查。所有纳税人都要进入"稽查对象名录库",并根据其规模、风险等级、纳税信用等级进行分类。

税务稽查随机抽查实施方案对随机抽查比例有明确规定，如规定对重点税源企业的抽查比例不低于20%。

（4）被分析。

因企业数据勾稽关系异常被税务机关系统弹出风险提示导致，包括以下方面。

①经营数据不匹配。如进项销项不一致，大额库存、财务报表数据与税务申报不符等。

②发现异于常态指标。如常年亏损却不倒、发生大量固定资产的突然购进、新公司在短期内存在大额交易等。

③税务指标异常。如增值税留抵过高、税负率长期过高或过低或者突然变动异常、未按规定进行税务备案等。

④社保、个税申报异常。例如，有大量收入却没有员工申报个税和社保的信息，或者反之。

⑤高风险纳税人群。在智慧化的税务信息平台检测下，税务机关也会掌握一批关于纳税人的数据信息。两类风险纳税人成为税务稽查的重点：一类是由风险管理工作流程推送的高风险纳税人；另一类是上级税务机关在随机抽查计划中安排的打击偷逃税、欠税、骗税、抗税、虚开发票等稽查任务所涉及的纳税人。

（5）被曝光。

税务机关往往能在公开信息中捕捉到一些税收违法行为的蛛丝马迹，如上市公司的公告、中国裁判文书网的判决书等。如：

深圳市税务局第一稽查局（深税一稽罚〔2023〕206号）

深圳的庄某向林某和谢某借了钱，后来庄某与出借人林某、谢某因为借贷关系纠纷发生了法律诉讼，法院最终判决庄某向林某、谢某合计支付利息 350 万元（含增值税）。

税务机关根据法院判决对庄某进行税务稽查：庄某向林某、谢某支付利息 350 万元，根据《中华人民共和国个人所得税法》的规定，庄某作为支付人，应依法履行个人所得税扣缴义务，庄某实际未履行代扣代缴义务，对庄某按未扣缴的利息个人所得税的 50% 罚款，合计金额 33.9 万元（不含应扣缴的个税 67.9 万元）。

总结下来，想不被稽查，最好是低调做人，与人为善，合规经营，依法纳税，不惹员工，不惹官司。当然，如果真的被稽查了，也要正确对待，一定要配合税务稽查，按照税务机关的要求，如实反映相关情况，如实提供相应资料，不得拒绝和隐瞒。

> **《中华人民共和国税收征收管理法》 第十三条**
>
> 任何单位和个人都有权检举违反税收法律、行政法规的行为。收到检举的机关和负责查处的机关应当为检举人保密。税务机关应当按照规定对检举人给予奖励。
>
> **《中华人民共和国税收征收管理法》 第五十六条**
>
> 纳税人、扣缴义务人必须接受税务机关依法进行的税务检查，如实反映情况，提供有关资料，不得拒绝、隐瞒。
>
> **《中华人民共和国税收征收管理法》 第五十七条**
>
> 税务机关依法进行税务检查时，有权向有关单位和个人调查纳税人、扣缴义务人和其他当事人与纳税或者代扣代缴、代收代缴税款有关的情况，有关单位和个人有义务向税务机关如实提供有关资料及证明材料。

税法小课堂

企业被税务稽查的主要原因有哪些?

①被举报。

②被关联。

③被抽查。

④被分析。

⑤被曝光。

36 公司税务有问题，员工应该举报吗？

小强是个正直的小伙子，他在某家大型家具制造公司上班。因为工作原因，他经常能够接触到与公司相关的各种文件和各类数据，包括业务和财务数据。

作为业务人员，他知道公司有大量的销售收入进到了指定的个人账户，如来自个人消费者或者因开发票需要加税点而放弃开发票的其他消费者的销售收入。有一天，他无意中发现了公司的税务申报数据与公司的实际销售数量差异特别大，立即明白：公司个人账户收款的部分并没有申报纳税。

前两天，小强因为提成的问题与老板大吵了一架，最后也没得到自己应得的提成，心里特别憋屈，想一走了之，但是就这么走了他又很不甘心，于是想到了公司的税务问题。他知道公司的行为明显是违法的，如果举报，一是伸张正义，二能出了心里的这口恶气。可是他又犹豫：如果被同行知道了我干了这种事，还有老板敢录用我吗？

小强该怎么办呢？好纠结！

纠结之下，小强找到一位税务专家求助。专家对他说："根据《中华人民共和国税收征管法》的规定，任何单位和个人都有权检举违反税收法律的行为，并且税务机关有责任为你保密。而且，根据你所提供的信息，如果查实，你还有可能获得相当可观的奖励。"

> 《中华人民共和国税收征收管理法》 第十三条
>
> 任何单位和个人都有权检举违反税收法律、行政法规的行为。收到检举的机关和负责查处的机关应当为检举人保密。税务机关应当按照规定对检举人给予奖励。
>
> 《中华人民共和国税收征收管理法》 第八十七条
>
> 未按照本法规定为纳税人、扣缴义务人、检举人保密的，对直接负责的主管人员和其他直接责任人员，由所在单位或者有关单位依法给予行政处分。

> **《检举纳税人税收违法行为奖励暂行办法》 第六条**
>
> 检举的税收违法行为经税务机关立案查实处理并依法将税款收缴入库后,根据本案检举时效、检举材料中提供的线索和证据翔实程度、检举内容与查实内容相符程度以及收缴入库的税款数额,按照以下标准对本案检举人计发奖金:
>
> (一)收缴入库税款数额在1亿元以上的,给予10万元以下的奖金;
>
> (二)收缴入库税款数额在5000万元以上不足1亿元的,给予6万元以下的奖金;
>
> (三)收缴入库税款数额在1000万元以上不足5000万元的,给予4万元以下的奖金;
>
> (四)收缴入库税款数额在500万元以上不足1000万元的,给予2万元以下的奖金;
>
> (五)收缴入库税款数额在100万元以上不足500万元的,给予1万元以下的奖金;
>
> (六)收缴入库税款数额在100万元以下的,给予5000元以下的奖金。

专家还告诉小强,国外的税务举报制度相对比较成熟。例如,在美国,一名员工检举了他所在公司的逃税行为,公司因此交了325万美元的罚款。而这名员工因为举报,获得了约合数十万美元的奖金。

小强听后眼前一亮:"所以说,我检举了公司,不仅可以为国家找回应收的税款,还可以获得相应的奖励?"

专家点了点头:"对,只要你的信息准确无误,你就有可能获得这样的奖励，不过，我们国家的奖金没那么高，封顶十万元。"

听了专家的解释，小强的内心更加坚定了。他决定秘密地将相关证据提供给税务局，希望能够揭露公司的逃税行为。

几个月后，小强举报的事项被查实，公司被迫支付了巨额罚款，而小强也因此获得了按照税款数额计算的奖金。

税法小课堂

在我国，税务举报有奖金吗？

在我国，税务举报确实有奖金。根据《中华人民共和国税收征收管理法》第十三条，税务机关应当按照规定对检举人给予奖励。《检举纳税人税收违法行为奖励暂行办法》第六条规定了具体的奖励标准。

37 什么是定向抽查和不定向抽查?

税务稽查是对纳税人的纳税情况展开的一种监督检查，它依据的是各种法律法规及国家政策，主要包含日常稽查、专项稽查及专案稽查三种方式。

随着社会的发展，税务机关工作的重心开始转移调整，我国未来税务稽查的重点也在发生改变。

尤其是最近几年，虚假申报个人收入、涉嫌偷逃税的明星、网红越来越多，已经形成了"塌方的不是黄赌毒，就是偷逃税"的现象，这也给我们释放出了一个重要信号：明星、网络达人、带货主播等高收入群体已经成为税务稽查的重点对象。

根据全国各地税务机关公布的税务稽查名单和稽查报告，我们可以从中窥得未来税务稽查的重点内容和重点行业。

税务稽查有利于维护和谐有序的社会主义市场经济环境。鉴于精力和时间的限制，税务机关无法全方位地推行税务稽查工作，所以，税务抽查就成为税务机关开展税务稽查的一种良好的办法。借助抽查，加强对偷逃税行为的监控，可以有效地引导纳税人依法纳税。

为了深入推进依法行政，严格执行相关法律、行政法规和规章，规范税务稽查，确保税务稽查随机抽查工作依法顺利进行，税务机关制定了"双随机、一公开"的抽查机制。主要采取定向抽查与不定向抽查的方式，从"税务稽查双随机工作平台——随机抽查对象名录库"中，随机抽取抽查对象。

也就是说，抽查对象有名单库，抽样方法有区别，绝不是突发奇想、随心所欲地确定某家企业为税务检查的对象。

定向抽查是不是税务局看谁不顺眼，就把谁定向化呢？

绝对不是！

定向抽查，是指按照税务稽查对象类型、行业、性质、隶属关系、组织架构、经营规模、收入规模、纳税数额、成本利润率、税负率、地理区位、税收风险等级、纳税信用级别等特定条件，随机抽取确定待查对象名单，对其纳税等情况进行稽查。

不定向抽查，是指不设定条件，随机抽取确定待查对象名单，对其纳税等情况进行稽查。

通过定向与不定向税务抽查结合的方式，税务机关可以多管齐下，持续强化税务稽查的执法效果，在社会上形成正面的税收征管导向。

> 《国家税务总局关于印发〈推进税务稽查随机抽查实施方案〉的通知》（税总发〔2015〕104号） 第二点第四款
>
> （四）随机抽查方式
>
> 随机抽查分为定向抽查和非定向抽查。定向抽查是指根据税务检查对象的类别、行业、物理性质、隶属关系、组织架构、业务规模、收入金额、支付金额、生产成本利润、税率、地理区域、纳税可能性水平、支付金融机构水平等，随机选择确定被检查对象名单，并对其支付情况进行检查。非定向抽查是指在不设定前提条件的情况下，随机选择确定被检查对象名册，并对其支付等情况进行检查。定向抽查和非定向抽查相结合，保证检查和执法的效果。
>
> 对随机抽查对象，税务稽查部门可以直接检查，也可以要求其先行自查，再实施重点检查，或自查与重点检查同时进行。对自查如实报告税收违法行为，主动配合税务稽查部门检查，主动补缴税款和缴纳滞纳金的，依法从轻、减轻或不予行政处罚；税务稽查部门重点检查发现存在重大税收违法行为或故意隐瞒税收违法行为的，应依法从严处罚；涉嫌犯罪的，应依法移送公安机关处理。

很多企业老板认为，企业那么多，要检查肯定也是检查那些大企业，我们是小企业，跟我们没什么关系。老板们的这种认知轻视了税务抽查的定向抽查与不定向抽查。

税务检查是不是都像查演员明星一样，查一个塌一个？

并不是的。无论是定向抽查还是不定向抽查，税务抽查都只是税务机关对纳税人纳税情况的一次工作检查，完全没有必要谈"查"色变。

那么，企业在收到税务机关的检查通知后，应该怎么办呢？

理智看待、全面配合，是关键所在。

对于全国、省、市重点税源企业，税务机关采取的是定向抽查与不定向抽查结合的方式，原则上每年抽查比例为 20%，每 5 年检查一轮。

比如，某著名的房地产开发有限公司，在广州、海口等地经营房地产开发项目，公司规模逐渐扩大，成为当地的纳税大户，但负债率也持续增加。那么该房地产开发有限公司就是重点税源企业，原则上 5 年内税务机关就会开展一轮定向或不定向的税务检查。

比如，前段时间热搜的"老干妈被税务稽查"事件，其实就属于对当地重点税源企业的一次正常的抽查而已。

对于不属于重点税源的纳税企业，税务机关采取的则是"定向抽查为主，不定向抽查为辅"的方式，每年抽查比例不超过 3%。

对于非企业的个人纳税人，每年不定向抽查的比例更低，不会超过 1%。

虽然被抽中的概率有高有低，但是税务稽查的后果却不容小觑。无论是单位还是个人，在日常经营活动中必须坚持合规经营、依法纳税，做诚实守信的纳税人。

税法小课堂

（1）定向抽查和不定向抽查是什么？

①定向抽查：根据税务稽查对象的某些特定条件，如行业、性质、隶属关系、组织架构、经营规模、收入规模、纳税数额、成本利润率、税负率、地理区位、税收风险等级、纳税信用级别

等，通过摇号等方式，随机抽取确定待查对象名单，进而对其纳税等情况进行稽查。

②不定向抽查：不设定任何前提条件，通过摇号等方式，随机抽取确定待查对象名单，并对其纳税等情况进行稽查。

（2）随机抽查有哪些具体情况？

①定向抽查与不定向抽查相结合：对于全国、省、市重点税源企业，每年抽查比例为20%，原则上每5年检查一轮。

②定向抽查为主、不定向抽查为辅：对于非重点税源企业，每年抽查比例不超过3%。

③不定向抽查：对于非企业纳税人，每年抽查比例不超过1%。

④若某税务稽查对象在3年内已被随机抽查过，则其不会再次被列入随机抽查的范围。

38 税务部门进行重点稽查的对象有哪些？

"你已经成为税务部门的重点稽查对象。"相信这一句话一定能让很多纳税人心头一惊。

为什么重点稽查的对象是我？

因为你的异常行为被监测到了，已经进入税务部门重点稽查对象的名单。

税务稽查是税务部门依法对纳税人的纳税行为进行的监督检查，目的在于督促其履行纳税义务。税务稽查也是税收征管工作的"最后一道重要防线"。

在金税四期背景下，税务部门对各个纳税主体涉税情况的监控将会更加全面和具体，相应地，税务稽查的力度也会越来越大，范围也会越来越精准。

根据国家税务总局发布的重点稽查对象名单，国有企业、纳税规模较大的重点税源企业、跨区域经营的大型企业及国家税务总局确定的其他对象，都属于重点稽查范畴。

与此同时，在随机抽查的对象名录中，显示高税收风险等级、两年内两次以上被举报有纳税违法行为、受委托协查事项涉及税收违法行为、长期纳税申报异常、纳税信用等级为 D 级、联合惩戒的违法失信人等，也属于随机抽查的重点对象。

举个简单的例子：

花花公司经营规模较小，也不是重点税源企业，是不是就一定不是重点稽查的对象呢？

不是，虽然重点稽查对象名单中没有花花公司这种企业，但是如果花花公司有异常的涉税风险行为，也会被列入随机抽查的重点对象名单中去，被税务稽查抽查的概率也会很高。

《国家税务总局关于印发〈税务稽查随机抽查对象名录库管理办法（试行）〉的通知》（税总发〔2016〕73号） 第十二条

国家税务总局重点稽查对象主要包括：

（一）国务院国有资产监督管理委员会中央企业名录列名的

企业,由财政部按规定管理的金融类企业以及代表国务院履行出资人职责管理的国有企业;

(二)国家税务总局稽查局确定的纳税规模较大的重点税源企业;

(三)国家税务总局稽查局确定的跨区域经营的大型企业集团;

(四)国家税务总局稽查局确定的其他重点稽查对象。

《国家税务总局关于印发〈税务稽查随机抽查对象名录库管理办法(试行)〉的通知》(税总发〔2016〕73号) 第十七条

对符合下列情形之一的随机抽查对象,列入随机抽查对象异常名录:

(一)税收风险等级为高风险的;

(二)两个年度内两次以上被检举且经检查均有税收违法行为的;

(三)受托协查事项中存在税收违法行为的;

(四)长期纳税申报异常的;

(五)纳税信用级别为D级的;

(六)被相关部门列为违法失信联合惩戒的;

(七)存在其他异常情况的。

综合来看,税务稽查重点对象的确定,始终关注税收规模大以及税务风险高发领域,始终坚持税务稽查对象确定上的"信用"和"风险"两个关键着眼点,加强对税收大数据平台信息的风险分析,立足税收风险,适当提高被税务抽查的概率。在税务稽查上,坚持查处有风险企业,着力引导纳税人遵守纳税法律法规,同时坚持"无风险不打扰"的原则，避免给纳税人造成不必要的负担。

明确重点稽查对象，也能够对重点行业和重点企业、重点群体的税务稽查治理起到持续规范的作用，切实维护相关行业领域的税收秩序，确保税收征管工作的整体成效，有效保障合法纳税人的权益，营造公平正义的社会和谐环境。

同时，明确重点稽查对象的范畴，也是在侧面引导、提醒纳税人。毕竟，在高度透明的大数据监管时代，纳税人想要远离红线平稳发展，就必须不断增强税务和法律的全面知识体系建设和风险意识，做到合规运转。

同时，金税四期背景下，纳税人也可以借助现代数字化财税平台，系统化管理与个人经营相关的财务、税务、工商等事务，更高效精准地做到税务的合规、缜密、无漏，做守法诚信经营的纳税人。

税法小课堂

（1）国家税务总局重点稽查的对象主要包括哪些？

①国务院国有资产监督管理委员会中央企业名录中的企业、财政部管理的金融类企业、代表国务院履行出资人职责管理的国有企业。

②纳税规模较大的重点税源企业。

③跨区域经营的大型企业集团。

④其他由国家税务总局稽查局确定的重点稽查对象。

（2）哪些随机抽查对象被抽查到的概率更高？

被列入税务稽查异常对象名录的企业会有更高的抽查概率。这些异常对象包括：

①税收风险等级为高风险的。

②在两个年度内被检举两次以上,并经检查都有税收违法行为的。

③在受托协查事项中存在税收违法行为的。

④长期纳税申报出现异常的。

⑤纳税信用级别为D级的。

⑥被相关部门列为违法失信联合惩戒的。

⑦存在其他异常情况的企业。

39 税收违法行为的数据、信息和线索是如何找到的？

在税收管理中形成的，由外部相关单位、部门或者个人提供的，有关纳税人、扣缴义务人和其他涉税当事人的税收数据、信息和违法行为线索，统称为税务机关在税务稽查时的案源信息。

我们通过一个简单的例子来了解一下案源信息。

小黑因为对网红小红不满意，于是在对方的评论区重复评论：小红偷逃税款，税务机关快来检查。

是不是税务机关只要收到了这样的评论，就会启动税务稽查？这样的信息能否被称为案源信息呢？

并不是的。我们所说的税务稽查案源信息，必须经过税务机关全方位的收集、分析、判断、处理等流程后，才能够成为认定纳税人存在税收违法行为的数据、信息和线索。

所以，只要小红依法依规履行了纳税义务，完全无须担忧。反而是小黑，在没凭没据的情况下肆意抹黑他人，可能要付出相应的代价。

由此可见，案源信息有着特定的来源，在案源信息管理上，税务机关也自有妙招。

> 《国家税务总局关于印发〈税务稽查案源管理办法（试行）〉的通知》（税总发〔2016〕71号）　第三条
>
> 　　本办法所称税务稽查案源（以下统称案源）即税收违法案件的来源，是指经过收集、分析、判断、处理等程序形成的涉嫌偷税（逃避缴纳税款）、逃避追缴欠税、骗税、抗税、虚开发票等税收违法行为的相关数据、信息和线索。
>
> 《国家税务总局关于印发〈税务稽查案源管理办法（试行）〉的通知》（税总发〔2016〕71号）　第六条
>
> 　　税务局应当以风险管理为导向，以税收大数据为支撑，以风险推送、外部转办、稽查自选为重点，以打击偷税（逃避缴纳税款）、逃避追缴欠税、骗税、抗税、虚开发票等税收违法行为为目

> 标，注重处理结果的分析反馈和增值使用，形成风险闭环式案源管理的新格局。

根据提供相关信息主体的差异，案源信息主要包括以下几种类型：涉税数据和信息，高风险纳税人风险信息，督办交办任务提供的违法信息，检举人提供的线索，受托协办事项线索，公安、检察、审计等部门提供的线索，国际税收情报信息，税务稽查过程中形成的线索，政府部门和社会组织共享的涉税信息，以及其他第三方信息等。

从这些不同案源信息的类型可以看出，税务稽查案源信息的来源非常广泛，税务机关获取税收违法线索的途径也非常多样。

从风险管理的角度出发，立足税收征管的智慧化和数字化发展前景，税务机关能够从税务信息平台中及时筛选、挖掘相应的税务违法线索。

如果案例中的小红真的存在一些税收违法行为，虽然小黑随口一说的评论不能作为案源信息，但是掌握了相关证据的小白向税务机关实名检举提供的线索信息，就属于税收违法行为的案源信息范畴了。

> **《国家税务总局关于印发〈税务稽查案源管理办法(试行)〉的通知》(税总发〔2016〕71号) 第十一条**
>
> 案源信息的内容具体包括：
>
> （一）纳税人自行申报的税收数据和信息，以及税务局在税收管理过程中形成的税务登记、发票使用、税收优惠、资格认定、出口退税、企业财务报表等涉税数据和信息；

（二）税务局风险管理等部门在风险分析和识别工作中发现并推送的高风险纳税人风险信息；

（三）上级党委、政府、纪检监察等单位和上级税务机关（以下统称上级机关）通过督办函、交办函等形式下发的督办、交办任务提供的税收违法线索；

（四）检举人提供的税收违法线索；

（五）受托协查事项形成的税收违法线索；

（六）公安、检察、审计、纪检监察等外部单位以及税务局督察内审、纪检监察等部门提供的税收违法线索；

（七）专项情报交换、自动情报交换和自发情报交换等过程中形成的国际税收情报信息；

（八）稽查局执法过程中形成的案件线索、处理处罚等税务稽查数据；

（九）政府部门和社会组织共享的涉税信息以及税务局收集的社会公共信息等第三方信息；

（十）其他涉税数据、信息和税收违法线索。

税务机关在接收到相关的案源信息之后，会按照具体的案源类型、纳税人状态、线索清晰程度、税收风险等级等综合性因素，对案源信息作出退回、补正、移交、暂存待查、调查核实（包括协查）、立案检查等分类处理。

在智慧化的税收征管建设中，税务机关也在持续加强对新经济、新业态的税收监管，持续促进税收征管工作的正常运转，大数据手段也成为获取税收违法行为案源信息的重要途径。

税务大数据信息系统建设的高效推进，在让税务征管更加智能化，大数据治税更加精准、更加实时、更加透明的同时，也时时刻刻提醒着纳税人：违法税务行为终将难逃法网，任何税收违法行为都有可能引发一系列的严重后果。纳税人要意识到加强自身税务操作风险评估管理的重要性，切实防范潜在的税务风险。

税法小课堂

（1）税务违法行为是什么？

税务违法行为是指涉嫌偷税（逃避缴纳税款）、逃避追缴欠税、骗税、抗税、虚开发票等税收违法行为的相关行为。

（2）税务局是如何找到税收违法行为的相关数据、信息和线索的？

税务局主要以风险管理为导向，利用税收大数据进行分析，从中筛选和发现可能存在的税务违法线索。

此外，税务局也可以通过多种途径获取税收违法线索，这些途径包括但不限于纳税人自行申报的税收数据和信息，风险管理部门的高风险纳税人信息，上级机关下发的税收违法线索，检举人提供的线索，受托协查事项形成的线索，公安、检察、审计等部门提供的线索，国际税收情报信息，税务稽查过程中形成的线索，政府部门和社会组织共享的涉税信息以及其他第三方信息等。

（3）《税务稽查案源管理办法（试行）》对纳税人有什么警示作用？

①鉴于税务部门多元化、全方位的信息采集手段，企业涉及的税务违法行为很难长期逃脱稽查。这警示企业不应试图逃避税务责任，因为早晚会被发现。

②税务筹划要合法合规，避免重大风险。任何税务违法行为都可能导致重大经济损失、罚款或更严重的法律后果。对企业而言，合规经营不仅是法律要求，更是维护企业形象、信誉和持续发展的关键。

③要重视税收风险管理的重要性。税务部门以风险管理为导向，强调了风险管理的重要性。企业同样应引起重视，对内部的税务操作进行风险评估和管理，从而降低潜在的税务风险。

第七章 税务稽查应对技巧

40 如何识别真假税务稽查？

小丽是一名财务新手，刚进公司不久。但就在上周，她差点犯下大错，要不是及时警醒，她可能就要背负巨额债务了。

到底发生了什么事呢？

说起这件事，小丽到现在还心有余悸。原来，就在上周，小丽收到了一个自称某税务局稽查部门的电话，对方以要下发对小丽公司开展税务稽查工作的通知为由，加了小丽的工作 QQ 号，并将小丽拉进了一个名叫"企业税务稽查"的 QQ 群。

小丽进入 QQ 群后，公司"老板"也加入了该群，向小丽下达了配合税务稽查的指令。小丽在群里"税务检查人员"和"老板"的要求下，将企业信息和其他准备资料发到了群里。

一番"检查"操作后，群里的"税务稽查人员"指出小丽的企业存在几处漏税行为，需要补缴税款。"老板"一听，立刻就要求小丽向"税务检查人员"提供的银行账户进行转账操作。

小丽有些纳闷：老板什么时候对交钱变得这么干脆了？不敢相信的她狐疑地向老板打了一通电话进行确认，结果……

《税务稽查案件办理程序规定》 第十五条

检查前，稽查局应当告知被查对象检查时间、需要准备的资料等，但预先通知有碍检查的除外。

检查应当由两名以上具有执法资格的检查人员共同实施，并向被查对象出示税务检查证件、出示或者送达税务检查通知书，告知其权利和义务。

《税务稽查案件办理程序规定》 第五十三条

稽查局采取从被执行人开户银行或者其他金融机构的存款中扣缴税款、滞纳金、罚款措施时，应当向被执行人开户银行或者其他金融机构送达扣缴税收款项通知书，依法扣缴税款、滞纳金、罚款，并及时将有关凭证送达被执行人。

由《税务稽查案件办理程序规定》可知，无论是检查前还是检查后，在需要扣缴企业税款时，稽查局都应该出具书面通知，更何况，税务稽查应当由两名以上具有执法资格的检查人员共同实施，并向被查对象出示税务检查证件，出示或者送达税务检查通知书，告知其权利和义务。所以，税务稽查工作根本不可能在一个不知底细的QQ群里完成。

果然，不确认不要紧，一确认让人冷汗直冒。小丽一个电话打过去就迅速确认了真相，骗子一下就原形毕露了。

气愤不已的小丽直接报了警，将QQ群的相关信息都举报发送给了警察。

不过，经过此事，小丽也明白了自己的不足，她决定以这件事来警醒自己，今后一定要多多掌握税务知识和技巧，积累税务相关工作经验，成为一名懂法守法的资深财务人员。

税法小课堂

（1）我们怎样识别真假税务稽查？

面对税务稽查时，通常有以下几种方法来识别税务稽查的真假。

①企业财税人员在接到税务稽查类电话时，应通过官方联系方式如纳税服务热线（12366）进行确认，以求证真假。

②在正常情况下，税务稽查前稽查局应当告知被查对象检查时间、需要准备的资料等。

③在税务稽查过程中，被查对象的权利和义务应当被明确告知。

④税务稽查应当由两名以上具有执法资格的检查人员共同实施。

⑤检查人员必须向被查对象出示税务检查证件和税务检查通知书。

⑥如税务稽查需立案，会有专门的立案编号，如深税一稽检通一〔2023〕××号；税务稽查调查核实（包括协查），也会有专门的税检编号，如深税一稽检通二〔2023〕××号。

（2）当不确定税务稽查的真假时，我们该如何应对税务稽查？

①税务稽查部门开展税务稽查工作时，应当由两名以上具有执法资格的检查人员共同实施，并向被查对象当面出示税务检查证件和加盖税务稽查局公章的《税务检查通知书》等书面纸质税收执法文书，由受送达人签收，并告知被检查对象的权利和义务。税务部门开展稽查工作不会通过QQ、微信等网络方式发布通知。若接到此类电话，可以通过纳税服务热线（12366）等官方联系方式进行联系，求证真假。

②税务稽查检查人员实施检查前，会查阅被查对象纳税档案，了解被查对象的生产经营情况、所属行业特点、财务会计制度、财务会计处理办法和会计核算软件，熟悉相关税收政策，确定相应的检查方法。对未出示税务检查证件和相应税收执法文书的，纳税人有权拒绝提供相关资料。

③在税务稽查检查后，确定纳税人涉及稽查补税或行政处罚的，税务稽查部门会书面出具《税务处理决定书》《税务行政处罚决定书》等税收执法文书交由被查对象的财务人员。财务人员可以到办税服务厅进行现场缴税，也可以通过登录网上电子申报企业端软件（eTax@SH3）进行缴税。税务部门不会通过网络转账的形式收缴查补的税款。

税务稽查是一项正规、严肃的税务检查工作，但不免会有诈骗分子利用其实施诈骗。因此，企业应加强对全体员工，特别是财务人员的安全防范教育，尤其是在进行转账汇款操作前，一定要再三核实，对于在 QQ、微信等网络通信工具上接收的银行转账指令，请务必向公司负责人核实，谨防上当受骗。

41 税务稽查的合法手段和程序是怎样的？

薛先生是一家宠物公司的老板，从三年前开店创业以来，一直守法缴税。但就在前几天，薛先生却意外接到了当地税务局的税务稽查通知。

面对突如其来的稽查，薛先生一下子慌了神：税务稽查是什么？自己的公司不是都按时交税了吗，为何还会被稽查？被税务稽查会不会影响到公司？

就这样，薛先生愁得三天没洗头。三天后，他顶着一头重压找到了公司会计小涛，愁容满面地表达了自己的担忧。小涛安慰道："薛总，您不必过于担心。税务稽查是税务局为确保税收征管公平和公正、预防和查处税收违法行为而进行的常规行动。"

但薛先生并不放心，一定要弄明白税务稽查是什么，否则对不起他那三天没洗的头："那他们会怎么做呢？"

《税务稽查案件办理程序规定》 第十六条

检查应当依照法定权限和程序,采取实地检查、调取账簿资料、询问、查询存款账户或者储蓄存款、异地协查等方法。

对采用电子信息系统进行管理和核算的被查对象,检查人员可以要求其打开该电子信息系统,或者提供与原始电子数据、电子信息系统技术资料一致的复制件。被查对象拒不打开或者拒不提供的,经稽查局局长批准,可以采用适当的技术手段对该电子信息系统进行直接检查,或者提取、复制电子数据进行检查,但所采用的技术手段不得破坏该电子信息系统原始电子数据,或者影响该电子信息系统正常运行。

《税务稽查案件办理程序规定》 第十八条

调取账簿、记账凭证、报表和其他有关资料时,应当向被查对象出具调取账簿资料通知书,并填写调取账簿资料清单交其核对后签章确认。

> 调取纳税人、扣缴义务人以前会计年度的账簿、记账凭证、报表和其他有关资料的，应当经县以上税务局局长批准，并在3个月内完整退还；调取纳税人、扣缴义务人当年的账簿、记账凭证、报表和其他有关资料的，应当经设区的市、自治州以上税务局局长批准，并在30日内退还。
>
> 退还账簿资料时，应当由被查对象核对调取账簿资料清单，并签章确认。

小涛开始详细地解释："首先，税务稽查机关会选择稽查对象，这些被稽查的企业有些可能是被计算机系统随机筛选出来的，有些可能是根据公民举报、上级交办等方式筛选出来的，这个环节被称作选案阶段。拿我们公司来说，我们现在被选中稽查了，稽查机关就会提前以书面形式通知我们，这就是通知阶段。随后，进入检查阶段，税务机关会派专人来访，来访的检查人员会向我们出示《税务检查通知书》及《调取账簿资料通知书》，他们调取我们的账簿、记账凭证等资料后，我们需要核对并签章确认。"

小涛继续说："税务稽查将运用多种方式进行，如实地检查、调取账簿资料、询问、查询存款账户等。税务局的工作人员可能会检查涉及公司的具体业务的财务数据，如提供宠物寄养、宠物用品销售、宠物美容等的财务记录。如果他们要调取我们具体的资料，他们就还要出具《询问通知书》《调取账簿资料通知书》或《调取账簿资料清单》等，我们只需要按照相关要求进行整理就可以了。"

> **《税务稽查案件办理程序规定》 第二十八条**
>
> 税务机关有根据认为从事生产、经营的纳税人有逃避纳税义

务行为，可以在规定的纳税期之前，责令限期缴纳应纳税款；在限期内发现纳税人有明显的转移、隐匿其应纳税的商品、货物以及其他财产或者应纳税收入迹象的，可以责成纳税人提供纳税担保。如果纳税人不能提供纳税担保，经县以上税务局局长批准，可以依法采取税收强制措施。

检查从事生产、经营的纳税人以前纳税期的纳税情况时，发现纳税人有逃避纳税义务行为，并有明显的转移、隐匿其应纳税的商品、货物以及其他财产或者应纳税收入迹象的，经县以上税务局局长批准，可以依法采取税收强制措施。

《税务稽查案件办理程序规定》 第二十九条

稽查局采取税收强制措施时，应当向纳税人、扣缴义务人、纳税担保人交付税收强制措施决定书，告知其采取税收强制措施的内容、理由、依据以及依法享有的权利、救济途径，并履行法律、法规规定的其他程序。

采取冻结纳税人在开户银行或者其他金融机构的存款措施时，应当向纳税人开户银行或者其他金融机构交付冻结存款通知书，冻结其相当于应纳税款的存款；并于作出冻结决定之日起3个工作日内，向纳税人交付冻结决定书。

采取查封、扣押商品、货物或者其他财产措施时，应当向纳税人、扣缴义务人、纳税担保人当场交付查封、扣押决定书，填写查封商品、货物或者其他财产清单或者出具扣押商品、货物或者其他财产专用收据，由当事人核对后签章。查封清单、扣押收据一式二份，由当事人和稽查局分别保存。

采取查封、扣押有产权证件的动产或者不动产措施时，应当依法向有关单位送达税务协助执行通知书，通知其在查封、扣押期间不再办理该动产或者不动产的过户手续。

《中华人民共和国税收征收管理法》 第七十条

纳税人、扣缴义务人逃避、拒绝或者以其他方式阻挠税务机关检查的，由税务机关责令改正，可以处一万元以下的罚款；情节严重的，处一万元以上五万元以下的罚款。

听完小涛的解释后，薛先生点点头，表示已经明白。

小涛接着说："稽查完毕后，如果我们有偷漏税或者其他异常行为，他们会进行审理，核准案件事实，这就是审理阶段；如果我们有需要补缴的税款或罚款，就会进入执行阶段，他们会及时向我们送达《税务处理决定书》。当然了，如果我们不服，有不同意见，我们是可以进行申诉的。"

听到这里，薛先生终于放心地笑了："原来税务稽查是这样的流程。那我们现在是不是只需按照规定，配合他们的检查，提供所需的资料，确保我们的账目清晰、完整，与实际业务相符，就不会有问题了？"

小涛点头认同，但他还是最后提醒薛先生道："面对税务稽查，我们千万不要逃避和抗拒，如果阻挠稽查程序，或者隐瞒相关实情，将会受到严厉的处罚。"

薛先生再次点点头表示明白，并表示这下终于不再焦虑了。接下来，薛先生积极配合，顺利完成了稽查工作。

税法小课堂

（1）税务稽查的方式有哪些？

依照法定权限和程序，采取实地检查、调取账簿资料、询问、查询存款账户或者储蓄存款、异地协查等方法，并通过文字、音像等形式，对案件办理的启动、调查取证、审核、决定、送达、执行等进行全过程记录。

（2）税务稽查的程序是怎样的？

①选案：采用计算机系统或人工方法（比例选择或随机抽样）进行筛选。选案来源：公民举报、上级指派、其他部门的信息交换等。

②通知：通常提前以书面形式通知被查对象，包括检查时间和所需资料。特定情况下（如公众举报、预先通知会妨碍稽查等）可以不事先通知。

③检查：进行询问、调取证据或进行实地检查。调取资料时，稽查人员需出具通知书，并列出所需资料清单。被查对象需核对资料并签章确认。

资料退还时，应该注意：

A.之前年度资料：需经县以上税务局局长批准，3个月内退还。

B.当年资料：需经设区市或自治州以上税务局局长批准，30天内退还。

④审理：核实事实，审查证据，分析案件性质。对重大或复杂案件进行集体审议。

⑤执行：向纳税人送达《税务处理决定书》。确保被查对象及时支付所欠款项。若从纳税人账户中扣款，稽查局需出具通知书，并向纳税人及时送达相关凭证。

在执行阶段，稽查局应当依法及时送达《税务处理决定书》《税务行政处罚决定书》《不予税务行政处罚决定书》《税务稽查结论》等税务文书。

经县以上税务局局长批准，稽查局可以依法强制执行，或者依法申请人民法院强制执行。

作出强制执行决定前，制作并送达催告文书，催告当事人履行义务，听取当事人陈述、申辩意见。催告期间，对有证据证明有转移或者隐匿财物迹象的，可以作出立即强制执行的决定。

（3）被检查对象不得做哪些事情？

①提供虚假资料，不如实反映情况，或者拒绝提供有关资料。

②拒绝或者阻止税务机关记录、录音、录像、照相和复制与案件有关的情况和资料。

③在检查期间转移、隐匿、销毁有关资料。

④不依法接受税务检查的其他情形。

42 税务稽查的审理结果有哪些对应的文书？

随着税收数字化水平的不断提升，税务机关的监管将更加全面精准，相应的文书也会更加规范。

税务稽查主要指的是税务机关对纳税人是否依法合规履行了纳税义务的稽核考察活动。

税务稽查活动需要遵守相应的流程规定。整体来看，税务稽查主要可以分为选案、通知、检查、审理和执行五个阶段，对于被税务稽查的纳税人而言，不同的阶段也会收到相应的税务文书。而在不同阶段，税务稽查局的工作侧重点也有所不同。

在审理过程中，税务机关主要是结合相关信息对纳税主体的案卷进行审理，主要审查的内容为：执法主体与被查对象的身份是否准确、适格；税收违法事实是否清晰，证据是否充分，资料是否准确齐全；适用的法律法规是否恰当，定性是否正确；程序是否合法；是否存在超越、滥用职权的行为；税务处理、处罚的建议是否适当。

审理之后，如果确定需要补正或者补充调查的，税务机关会制作相应的文书，将需要补正的部分记录下来，要求相关部门予以补正。

我们通过一个例子来简单了解税务稽查的审理阶段。

纳税人小王因涉嫌虚开增值税发票被税务机关稽查，经过检查，稽查局拟对其相关违法纳税行为作出处罚。

在处罚之前，税务机关的审理部门需要对执法部门作出的检查事实和拟处理意见做一个综合的审理评价，确定是否按照执法部门的建议进行处罚。

这个流程就是我们所说的审理程序，那么，税务稽查的审理结果主要对应哪些文书呢？

结果认定不同，处理方式不同，对应的审理结果文书自然也就有所不同。

《税务稽查案件办理程序规定》 第四十二条

经审理，区分下列情形分别作出处理：

（一）有税收违法行为，应当作出税务处理决定的，制作税务处理决定书；

> （二）有税收违法行为，应当作出税务行政处罚决定的，制作税务行政处罚决定书；
>
> （三）税收违法行为轻微，依法可以不予税务行政处罚的，制作不予税务行政处罚决定书；
>
> （四）没有税收违法行为的，制作税务稽查结论。
>
> 税务处理决定书、税务行政处罚决定书、不予税务行政处罚决定书、税务稽查结论引用的法律、行政法规、规章及其他规范性文件，应当注明文件全称、文号和有关条款。

一般情况下，审理结果认定纳税主体有税收违法行为，税务机关会根据税收违法行为情节的轻重，作出相应的《税务处理决定书》或者《税务行政处罚决定书》。

涉及违法行为的处理类文书，会涉及补缴税款或者滞纳金的问题，还会明确当事人及时提供相应资料去办理相关涉税事项。而处罚决定则属于税务机关作出的行政处罚，主要是针对税收违法行为进行的处罚。

如果审理机关认定纳税主体的税收违法行为情节轻微，可以不予税务行政处罚的，则会制作相应的《不予税务行政处罚决定书》。

没有税收违法行为的，也会通过一份《税务稽查结论》进行确认。

被税务稽查的小王，认为自己合法纳税，根本没有虚开增值税发票，他最大的机会就在审理阶段。

如果税务机关经过审理后，发现是稽查部门搞错了，小王确实没有税收违法行为，就会给小王发出一份《税务稽查结论》，还他清白。

由此可见，税务机关的稽查流程慎重而又严谨，依法纳税、合规经营的纳税主体根本不必过于担忧被税务稽查，只要履行好自己的纳税义务，注重防范纳税风险即可。

税法小课堂

税务稽查的审理结果有哪些对应的文书？

根据《税务稽查案件办理程序规定》，税务稽查的审理结果对应有以下文书和结论：

①有税收违法行为，应当作出税务处理决定的，制作《税务处理决定书》(税务事项通知书)。《税务处理决定书》规定了补缴税款及滞纳金等事项，通知纳税人缴纳税款、滞纳金，要求当事人提供有关资料，办理有关涉税事项。

②有税收违法行为，应当作出税务行政处罚决定的，制作《税务行政处罚决定书》(责令限期改正通知书)。《税务行政处罚决定书》确定了行政处罚的种类和依据。在纳税人、扣缴义务人违反税收法律、法规的规定，税务机关责令其限期改正时使用。

③税收违法行为轻微，依法可以不予税务行政处罚的，制作《不予税务行政处罚决定书》。

④没有税收违法行为的，制作《税务稽查结论》。

以上文书需要注明相关内容要求，并加盖税务机关公章。

43 在税务稽查的检查阶段，中止与终止有哪些情形？

在税务稽查过程中，税务稽查工作人员很容易就会碰到一些特殊情况，导致检查无法继续进行。但是，正如启动稽查需要遵守一定的程序要求，把税务稽查暂停下来，或者直接结束税务稽查，也需要遵守特定的程序，这就涉及税务稽查在检查阶段的中止与终止。

检查阶段的中止，指的是税务稽查工作人员在检查的过程中，发生了法律规定的情形，所以暂停检查，等到中止检查的情形消失后，再次恢复检查的一种程序。

一般情况下，中止检查的情况主要有四种。一是当事人被国家机关限制人身自由；二是纳税主体的账簿、记账凭证等资料被其他国家机关依法调取并且还没有归还；三是一些与税收违法行为相关的事实需要经过法院或者其他国家机关确认；四是其他可以中止检查的情况。

举个例子：

税务局正在对小王展开税务稽查,在检查过程中,小王因为赌博被派出所作出了行政拘留处罚,人身自由受限,税务稽查检查无法继续,经过稽查局局长的批准,税务稽查中止。

等小王后续行政拘留期满,在经过稽查局局长批准后,税务检查可以恢复。

《税务稽查案件办理程序规定》 第三十三条

有下列情形之一,致使检查暂时无法进行的,经稽查局局长批准后,中止检查:

(一)当事人被有关机关依法限制人身自由的;

(二)账簿、记账凭证及有关资料被其他国家机关依法调取且尚未归还的;

(三)与税收违法行为直接相关的事实需要人民法院或者其他国家机关确认的;

(四)法律、行政法规或者国家税务总局规定的其他可以中止检查的。

中止检查的情形消失,经稽查局局长批准后,恢复检查。

与检查中止不同的是检查终止程序，指的是在法定情形消失之后，检查就此结束，不用再进行下去。

一般情况来看，以下三种情况可导致税务检查终止。

一是被检查对象死亡或者依法注销，并且有充分的证据证明其名下已经没有可以抵扣税款的财产，没有承担纳税义务的主体；二是受追诉期限的影响，被检查对象的税收违法行为已经超过追究期限；三是其他可以终结的情况。

让我们举个简单例子：如果有偷逃税违法行为的小小公司破产了，经过破产清算，也确实没有可以抵扣税务罚款的财产，此时，税务稽查检查终止。

值得关注的是，和税务检查中止程序一样，税务检查终止同样需要得到税务稽查局局长的批准。

《税务稽查案件办理程序规定》 第三十四条

有下列情形之一，致使检查确实无法进行的，经稽查局局长批准后，终结检查：

（一）被查对象死亡或者被依法宣告死亡或者依法注销，且有证据表明无财产可抵缴税款或者无法定税收义务承担主体的；

（二）被查对象税收违法行为均已超过法定追究期限的；

（三）法律、行政法规或者国家税务总局规定的其他可以终结检查的。

从字面上来看，中止意味着暂停，终止则代表着停止。

无论是税务稽查的检查中止还是终止，都是存在于开展税务稽查的检查过程中，绝不可能在检查开始前或者结束后出现。

从中止检查的情形限制来看，检查中止的特殊情况消失后，税务稽查有持续推进的可能。

而终止检查的相关情形则是因为某种特殊情况，税务检查进行下去已经完全没有必要，或者根本不可能继续进行下去，未来也不会再有恢复检查的可能。

从税务稽查检查的中止与终止情形我们可以看出，不配合甚至是逃避税务稽查并不能导致检查中止或者终止，只会让被检查的纳税人和检查的工作人员耗费更多的时间和精力。另外，过分缓慢地应付税务稽查也可能影响企业的正常运转。

因此，面对税务稽查，必须保持诚恳、理解、尊重的态度，配合税务机关完成相关的检查工作，营造和谐有序的税务征管环境。

税法小课堂

（1）在税务稽查的检查阶段，出现哪些情况可以中止检查？

①当事人被有关国家机关依法限制人身自由的。

②账簿、记账凭证及有关资料被其他国家机关依法调取且尚未归还的。

③与税收违法行为直接相关的事实需要人民法院或者其他国家机关确认的。

④法律、行政法规或者国家税务总局规定的其他可以中止检查的。

（2）在税务稽查的检查阶段，出现哪些情况可以终止检查？

①被查对象死亡或者被依法宣告死亡或者依法注销，且有证据表明无财产可抵缴税款或者无法定税收义务承担主体的。

②被查对象税收违法行为均已超过法定追究期限的。

③法律、行政法规或者国家税务总局规定的其他可以终止检查的。

44 在税务稽查的执行阶段，中止与终止有哪些情形？

税海无边，回头是岸；违法难行，守法致远。

税法权威不容侵犯，纳税人无论名气大小，都应该树立依法诚信的纳税理念，承担起相应的社会责任，自觉履行诚信纳税义务。闯"线"踩"雷"都会受到法律的严惩。

近年来，税务部门以"零容忍"的态度依法严肃查处涉税违法行为，形成了依法打击偷逃税行为的高压态势，这不仅是对违法者的一种警示，也是在为守法者营造公平公正的税收秩序，有利于推动社会的和谐健康发展。

税务部门在对各类涉税违法犯罪行为精准打击、严惩不贷的同时，也要坚持依法稽查、依法执行，当然，在执行过程中也可能会出现特定情形涉及的中止与终止。

那它们究竟有什么区别呢？

我们通过一个例子来说明一下。宁波市税务部门在对个人所得税综合所得汇算清缴办理情况开展事后抽查时，发现宁波市独木桥房地产开发有限公司副经理小康未据实办理 2021 年度和 2022 年度个人所得税综合所得汇算清缴。

经查，纳税人小康在办理 2021 年度和 2022 年度个人所得税综合所得汇算清缴时，通过"虚构大病扣税"的方式，少缴个人所得税。

税务部门多次提醒督促，小康仍然没有去补缴。

于是，税务部门对其立案检查，依据相关法律法规的规定，对小康作出了追缴税款、加收滞纳金并处罚款共计 21.36 万元的处罚决定。

强制执行催告期间，发现因小康与他人的债务纠纷，宁波市人民法院已经冻结了他的主要财产。要执行的款项有争议，还怎么执行呢？于是经稽查局局长批准后，决定中止税务稽查案件的执行。

这就是典型的税务稽查案件的执行中止，那么此时，小康的处罚决定是不是就不执行了呢？

《税务稽查案件办理程序规定》 第五十六条

执行过程中发现有下列情形之一的，经稽查局局长批准后，中止执行：

> （一）当事人死亡或者被依法宣告死亡，尚未确定可执行财产的；
> （二）当事人进入破产清算程序尚未终结的；
> （三）可执行财产被司法机关或者其他国家机关依法查封、扣押、冻结，致使执行暂时无法进行的；
> （四）可供执行的标的物需要人民法院或者仲裁机构确定权属的；
> （五）法律、行政法规和国家税务总局规定其他可以中止执行的。
> 中止执行情形消失后，经稽查局局长批准，恢复执行。

违法还不被追究？哪里有那么好的事。

税务机关只不过需要等待中止执行的情形消失之后再恢复稽查执行。

那么，如果小康这个纠纷案子执行了以后，账户上已经没有钱了，这个税务稽查决定又该怎么处理呢？

如果法院扣押的小康的财产已经被用于纠纷处理，小康又确实没有财产去抵扣处罚决定中的税款、滞纳金以及罚金，在得到相关负责人的审批后，才能确定税务稽查案件的执行中止。

通过这个例子我们可以看出，中止与终止虽然只有一字之差，内涵却相差甚远，而无论是税务稽查执行的中止还是终止，都必须符合相应的条件，恪守程序性规定。

> **《税务稽查案件办理程序规定》第五十七条**
> 当事人确无财产可供抵缴税款、滞纳金、罚款或者依照破产

清算程序确实无法清缴税款、滞纳金、罚款，或者有其他法定终结执行情形的，经税务局局长批准后，终结执行。

总体来看，在税务稽查决定的执行中，可以中止的情况大概可以简述为：人没了，找不着钱；破产了；钱被其他机构扣押了；执行标的权属有争议或者其他。

而可以办理执行终止的情形则包含：移送公安的，人民法院已经受理强制执行申请的，涉及代位权、撤销权诉讼的，涉及破产清算的，找不到人无法送达决定书的，中止执行3年没解除的，没有财产可抵缴的等。

税法小课堂

（1）在税务稽查的执行过程中，出现哪些情况可以中止执行？

①当事人死亡或者被依法宣告死亡，尚未确定可执行财产的。

②当事人进入破产清算程序尚未终结的。

③可执行财产被司法机关或者其他国家机关依法查封、扣押、冻结，致使执行暂时无法进行的。

④可供执行的标的物需要人民法院或者仲裁机构确定权属的。

⑤法律、行政法规和国家税务总局规定其他可以中止执行的。

（2）在税务稽查的执行过程中，出现哪些情况可以终止执行？

①移送公安机关的。

②人民法院已受理强制执行申请的。

③人民法院已受理代位权、撤销权诉讼的。

④以债权人身份向人民法院申请对被执行人进行破产清算，且人民法院受理的；或者被执行人进入破产程序，税务机关已申报税收债权的。

⑤其他送达方式无法送达，以公告形式送达《税务处理决定书》《税务行政处罚决定书》，生效后满 6 个月经查找仍无法找到被执行人的。

⑥中止检查/中止执行满 3 年，未解除中止的。

⑦经查证未发现被执行人有财产抵缴税收款项的，或者虽有财产但无法拍卖变卖抵缴税收款项的。

45 面对税务稽查时，企业有哪些救济途径？

税务稽查是保证税务部门税收工作正常运转的一种有效手段，但是，当税务部门做出错误的稽查判断时，企业有哪些救济途径呢？

别担心，国家早就设计好了一系列相应的保护措施，用来充分保障纳税人的合法权益。接下来，我们一起通过一个案例来了解一下。

半年前，陈经理所在的科技公司突然被税务局指控，称其公司存在虚开发票等严重税务问题，公司面临巨额罚款和滞纳金。

看着从税务局寄来的《税务行政处罚决定书》，陈经理满头问号：这到底是怎么回事呢？

原来，去年的时候，陈经理所在的公司在与一个客户公司交易中，取得了一批增值税发票，但在税务稽查后却被认定为取得虚开发票。

经过一番仔细查证后,陈经理发现,这批增值税发票是自己公司善意取得的发票。

通过前面的学习,我们知道,善意取得的发票,只要能提供相应证明,就能免除处罚。所以,查明白之后,陈经理立刻行动,整理了一份详细的报告,列明了公司与供应商的采购合同、货物流水明细账以及相关的支付凭证等,并亲自来到当地税务机关,对公司的行为进行了陈述。

> ### 《税务稽查案件办理程序规定》 第三十九条
>
> 拟对被查对象或者其他涉税当事人作出税务行政处罚的,应当向其送达税务行政处罚事项告知书,告知其依法享有陈述、申辩及要求听证的权利。税务行政处罚事项告知书应当包括以下内容:
>
> (一)被查对象或者其他涉税当事人姓名或者名称、有效身份证件号码或者统一社会信用代码、地址。没有统一社会信用代码的,以税务机关赋予的纳税人识别号代替;

（二）认定的税收违法事实和性质；

（三）适用的法律、行政法规、规章及其他规范性文件；

（四）拟作出的税务行政处罚；

（五）当事人依法享有的权利；

（六）告知书的文号、制作日期、税务机关名称及印章；

（七）其他相关事项。

《税务稽查案件办理程序规定》 第四十条

被查对象或者其他涉税当事人可以书面或者口头提出陈述、申辩意见。对当事人口头提出陈述、申辩意见，应当制作陈述申辩笔录，如实记录，由陈述人、申辩人签章。

应当充分听取当事人的陈述、申辩意见；经复核，当事人提出的事实、理由或者证据成立的，应当采纳。

根据《税务稽查案件办理程序规定》，拟对被查对象或者其他涉税当事人作出税务行政处罚的，应当向其送达《税务行政处罚事项告知书》，告知其依法享有陈述、申辩及要求听证的权利。被查对象或者其他涉税当事人可以书面或者口头提出陈述、申辩意见。因此，陈经理首先采取的是陈述、申辩这一救济途径。

然而，尽管陈经理做出了陈述，但税务局经过初步核实后，仍决定按照原判定执行罚款。

对此，陈经理不服，他立即请求进行税务行政处罚听证。

《税务稽查案件办理程序规定》 第四十一条

被查对象或者其他涉税当事人按照法律、法规、规章要求听

> 证的，应当依法组织听证。
>
> 听证依照国家税务总局有关规定执行。

在听证会上，陈经理特意请来了会计师和相关供应商，一同说明了当时的交易情况和货物流转情况，试图从技术性细节上反驳税务局的认定。但即便经过激烈的申辩，税务局还是坚持原来的决定。

这下陈经理傻眼了，该怎么办呢？为了不让公司的运营受到太大的冲击，陈经理的公司先行支付了税款滞纳金80万元，来为公司争取更多的应对时间。同时，他又向省级税务机关申请行政复议，希望能得到更高层级的支持。

这次，省税务局派出了专门的调查团队来进行调查，但令陈经理大跌眼镜的是，虽然他们对其公司的经营有了更深的了解，但由于证据不足，税务局仍然决定按原决定进行处罚。

> **《税务行政复议规则》 第十四条**
>
> 行政复议机关受理申请人对税务机关下列具体行政行为不服提出的行政复议申请：
>
> （一）征税行为，包括确认纳税主体、征税对象、征税范围、减税、免税、退税、抵扣税款、适用税率、计税依据、纳税环节、纳税期限、纳税地点和税款征收方式等具体行政行为，征收税款、加收滞纳金，扣缴义务人、受税务机关委托的单位和个人作出的代扣代缴、代收代缴、代征行为等。
>
> （二）行政许可、行政审批行为。
>
> （三）发票管理行为，包括发售、收缴、代开发票等。

（四）税收保全措施、强制执行措施。

（五）行政处罚行为：

1. 罚款；

2. 没收财物和违法所得；

3. 停止出口退税权。

（六）不依法履行下列职责的行为：

1. 颁发税务登记；

2. 开具、出具完税凭证、外出经营活动税收管理证明；

3. 行政赔偿；

4. 行政奖励；

5. 其他不依法履行职责的行为。

（七）资格认定行为。

（八）不依法确认纳税担保行为。

（九）政府信息公开工作中的具体行政行为。

（十）纳税信用等级评定行为。

（十一）通知出入境管理机关阻止出境行为。

（十二）其他具体行政行为。

《税务行政复议规则》 第三十二条

申请人可以在知道税务机关作出具体行政行为之日起 60 日内提出行政复议申请。

因不可抗力或者被申请人设置障碍等原因耽误法定申请期限的，申请期限的计算应当扣除被耽误时间。

《税务行政复议规则》 第三十三条

申请人对本规则第十四条第（一）项规定的行为不服的，应当先向行政复议机关申请行政复议；对行政复议决定不服的，可以向人民法院提起行政诉讼。

申请人按照前款规定申请行政复议的，必须依照税务机关根据法律、法规确定的税额、期限，先行缴纳或者解缴税款和滞纳金，或者提供相应的担保，才可以在缴清税款和滞纳金以后或者所提供的担保得到作出具体行政行为的税务机关确认之日起60日内提出行政复议申请。

申请人提供担保的方式包括保证、抵押和质押。作出具体行政行为的税务机关应当对保证人的资格、资信进行审查，对不具备法律规定资格或者没有能力保证的，有权拒绝。作出具体行政行为的税务机关应当对抵押人、出质人提供的抵押担保、质押担保进行审查，对不符合法律规定的抵押担保、质押担保，不予确认。

《税务行政复议规则》 第三十四条

申请人对本规则第十四条第（一）项规定以外的其他具体行政行为不服，可以申请行政复议，也可以直接向人民法院提起行政诉讼。

申请人对税务机关作出逾期不缴纳罚款加处罚款的决定不服的，应当先缴纳罚款和加处罚款，再申请行政复议。

到了这里，陈经理实在没辙了，于是找到徐律师寻求最终咨询。经过徐律师的提醒，陈经理这才知道，他还可以采取最后的救济手段：向人民法院提起行政诉讼。

陈经理决定采取徐律师的意见，并在对方的建议下特意聘请了一位税务律师和财税专家，组成了行政诉讼团队，以应对此次诉讼。

《中华人民共和国行政诉讼法》 第二条

公民、法人或者其他组织认为行政机关和行政机关工作人员的行政行为侵犯其合法权益,有权依照本法向人民法院提起诉讼。

前款所称行政行为,包括法律、法规、规章授权的组织作出的行政行为。

《中华人民共和国国家赔偿法》 第二条

国家机关和国家机关工作人员行使职权,有本法规定的侵犯公民、法人和其他组织合法权益的情形,造成损害的,受害人有依照本法取得国家赔偿的权利。

本法规定的赔偿义务机关,应当依照本法及时履行赔偿义务。

经过三轮庭审,陈经理组成的团队通过专业辩护,力挽狂澜。最终,法院裁定陈经理的公司是善意取得虚开的增值税发票,不应承担过错责任,并要求税务局返还之前支付的滞纳金。

听到判决后,陈经理喜极而泣。

税法小课堂

面对税务稽查时,企业有哪些救济途径?流程是怎样的?

面对税务稽查时,企业通过以下流程进行自救:

①本级税务机关阶段。

当企业收到税务机关的税务处理决定或税务行政处罚决定,认为该决定不当时,可以采取以下措施:

A. 使用陈述权、申辩权。

企业首先可以利用陈述权和申辩权来对税务决定提出异议。企业可以详细列出其观点和证据，试图说服税务机关重新考虑其决定。

B. 举行税务行政处罚听证。

若陈述和申辩没有改变税务机关的原决定，企业还可以请求进行税务行政处罚听证，以便在更正式的场合再次为自己申辩。

② 上级税务机关阶段。

如果在本级税务机关阶段企业的权益仍未得到维护，可以申请行政复议，即企业可以在收到税务决定书之日起 60 日内，向上级税务机关提交行政复议申请书，请求重新审查本级税务机关的决定。若涉及税款滞纳金，企业需先行缴纳或提供相应的纳税担保。

③ 人民法院阶段。

如果对上级税务机关的行政复议决定仍存在异议，企业可以通过提起行政诉讼的方式，继续寻求法律救济。

企业可以在收到行政复议决定书之日起 15 日内，向人民法院提起行政诉讼。若是涉及税款和滞纳金问题，需要先完成行政复议程序；而若是针对行政处罚，企业可以直接向法院提起诉讼。

④ 其他救济方式。

除上述常规救济程序外，企业还可以选择以下方式来维护自己的权益：

A. 申请行政赔偿。

如果税务机关在实施税务稽查时违法操作，从而导致企业遭受经济损失，企业有权在知悉损失之日起的 3 年内，向责任税务机关申请行政赔偿。

B. 举报税务机关违法行为。

如果企业发现税务机关存在违法或违规行为，可以向其上级税务机关的监察部门或纪检监察部门进行举报。

第四篇

大数据背景下的税务监管

第八章　未来，最懂你的是税务局

46　金税四期与税收征管

　　金税工程是经国务院批准的国家级电子政务工程，是税收管理信息系统工程的总称，自1994年开始，金税工程历经了金税一期、金税二期、金税三期和金税四期的发展。让我们来了解一下其发展历程。

　　金税一期（1994—1996年）：1994年，我国实行新税制，增值税全面开征并涉及抵扣问题。为此，国家启动金税一期工程，部署应用增值税专用发票"交叉稽核"系统，以解决发票管理问题。1995年，金税一期工程在全国50个试点单位上线，但由于当时电子化水平低，采用手工方式采集数据，工作量大且数据采集不全，只在试点城市建立了稽核网络，无法对其他地区的专用发票进行交叉稽核，所以到1996年年底便停用了。

　　金税二期（1998—2003年）：1998年，金税二期工程启动，由增值税防伪税控开票子系统、防伪税控认证子系统、增值税稽核子系统、发票协查信息管理子系统四大系统组成。该期工程着力解决防伪税控问题，于 2001 年 7 月 1 日在全国全面开通。1999 年，税务局停止发售手写版十万元以上的增值税专票，改为必须通过防伪税控系统开具；2002 年，限额压低至一万元；2003 年，所有增值税一般纳税人必须通过防伪税控系统开具专票，不论金额大小，手写专用发票一律废止且不能抵扣，"以票控税"的格局初步形成。

金税三期（2003—2019 年）：2003 年，金税三期工程启动，其总体目标是建立"一个平台，两级处理，三个覆盖，四个系统"。2013 年，金税三期工程在广东、山东、河南、山西、内蒙古、重庆 6 个省（市）级国（地）税局先行试点，2016 年 10 月在全国上线，建成了税收业务处理"大平台"，首次实现了税收征管数据的全国集中。2018 年，国税与地税正式合并。2019 年 3 月，金税三期并库版正式上线，实现了所有国税、地税、工商、银行、海关等部门信息数据共享。金税三期工程从开始启动到在全国上线用了 13 年，其关键词为"统一"，不再局限于增值税，而是覆盖全税种，且与其他监管部门强势联网，汇集税收大数据，"以数治税"的格局初步形成。

金税四期（2020 年至今）：2020 年 11 月，国家税务总局发布采购意向公告，准备启动金税四期工程。金税四期以发票电子化为突破口，继续贯彻"以数治税"理念，发展"智慧税务"。正在试点推进的全电发票（也称"数电发票"）是其重要抓手，实现了开具、报销、入账、档案、存储全程数字化以及发票"即时开具、即时交付、即时查验"。金税四期强化了对非税收入的管理以及与非税主管部门的信息协作沟通，税务数据上云，开启税务领域的天网时代。

人们感受到金税工程的威力应该是从金税三期开始的。金税三期于 2016 年 10 月正式上线运行，实现了对国税、地税数据的合并及统一，其功能是对税务系统业务流程进行全监控，其目标是建成一个年事务处理量超过 100 亿笔、覆盖税务机关内部用户超过 80 万个、管理过亿纳税人的现代化税收管理信息化系统。金税三期，可以用"1234"来总结：

- 1 个平台：包含网络硬件和基础软件的统一的技术基础平台。
- 2 级处理：依托统一的技术基础平台，逐步实现税务系统的数据信息在总局和省局集中处理。
- 3 个覆盖：应用内容逐步覆盖所有税种，覆盖税收工作的主要工作环节，覆盖各级国税、地税机关，并与有关部门联网。
- 4 个系统：包括征收管理、外部信息、决策支持和行政管理等系统。

金税三期具有诸多创新之处，例如，运用先进税收管理理念和信息技术做总体规划，实现全国征管数据大集中，统一全国征管数据标准、口径，统一国税、地税征管应用系统版本，统一征管规范和纳税服务规范，以及建设网络实时开具的电子发票平台等。

金税三期系统功能强大、运行顺畅、内容完备、流程合理，对纳税人的影响包括：规范和优化纳税服务，为纳税人提供优质便捷的税收服务，减轻办税负担；建设电子发票平台，提供全国联网的发票信息辨伪查询，压缩假发票制售空间；等等。同时，该系统对于进一步规范税收执法、优化纳税服务、实现"降低税务机关征纳成本和执法风险，提高纳税人遵从度和满意度"的税收征管改革目标也具有重要意义。

金税四期是金税三期的升级版，2023 年上线。金税四期与金税三期的差异主要体现在以下几个方面。

（1）技术架构。金税四期采用了更为先进的云计算和大数据技术，使数据处理能力得到了极大的提升。金税三期主要基于传统的数据库技术，数据处理效率相对较低。

（2）税务监管。金税四期强化了对企业的全方位监管。通过大数据分析，税务部门能够更为精准地掌握企业的经营状况和税收情况，有效防止企业偷税漏税行为的发生。而金税三期在这方面相对较弱，监管力度有限。

（3）数据共享。金税四期搭建了各部委、人民银行以及银行等参与机构之间信息共享、核查的通道，实现企业相关人员手机号码、企业纳税状态、企业登记注册信息核查的三大功能。金税三期则没有实现信息共享。

（4）业务范围。金税三期实现了对国税、地税数据的合并及统一，其功能是实现对税务系统业务流程的全监控。而金税四期不仅仅包含税务方面，还纳入了"非税"业务，实现对业务更全面的监控。

（5）功能特点。金税四期的功能特点主要包括信息共享互联、大数据分析和风险管理、全过程税收监管、优化服务与便捷办税、税收法治与诚信体系建设。

随着金税系统的不断演进，我国税收征管的智能化、集成化、精细化、协同化水平逐步提升，税收监管也更加全面、严格和精准。企业和个人需要更加重视税务合规，以适应税收征管的新变化。同时，金税系统的发展也有助于提高税收效率，促进经济的健康发展。未来，金税系统预计将与数字人民币等技术进一步结合，实现更全面、更高效的税务管理。

《中华人民共和国税收征收管理法》 第六条

国家有计划地用现代信息技术装备各级税务机关,加强税收征收管理信息系统的现代化建设,建立、健全税务机关与政府其他管理机关的信息共享制度。

纳税人、扣缴义务人和其他有关单位应当按照国家有关规定如实向税务机关提供与纳税和代扣代缴、代收代缴税款有关的信息。

中共中央办公厅 国务院办公厅印发《关于进一步深化税收征管改革的意见》

(五)稳步实施发票电子化改革。2021年建成全国统一的电子发票服务平台,24小时在线免费为纳税人提供电子发票申领、开具、交付、查验等服务。制定出台电子发票国家标准,有序推进铁路、民航等领域发票电子化,2025年基本实现发票全领域、全环节、全要素电子化,着力降低制度性交易成本。

税法小课堂

（1）金税四期对税收征管的作用和意义有哪些？

提高税务征管效率与准确性：通过电子税务局、电子发票等数字化工具，实现信息系统自动提取数据、自动计算税额、自动预填申报，大大提高了税务处理的效率，减少了人为差错。

加强优惠政策的普及与实施：利用大数据精准推送优惠政策信息，让更多的市场主体能够了解并享受到税收政策红利，促进经济的稳定和健康发展。

转型为智慧税务体系：通过建立智能化的行政应用系统，税务执法、服务、监管等都与大数据智能化应用实现深度融合，实现高效、准确、公正的税务管理。

降低交易成本：电子化的发票和税务处理方式在降低制度性交易成本方面起到了很大作用，使企业和个人能更加轻松、方便地完成税务处理。

（2）国家通过哪些具体举措推动税收征管的进步？

2021年，建立全国统一的电子发票服务平台，提供全天候在线服务。征管操作与税费优惠政策同步发布和解读，简化相关流程和手续。

2022年，在税务执法、税费服务和税务监管方面取得显著进步。依法利用大数据推送优惠政策，让市场主体更好地享受政策。成立全国统一规范的电子税务局。

2023年，信息系统实现自动化功能，如自动提取数据和计算税额。建立新的税务执法、税费服务和税务监管体系，推进从经验式执法到科学精确执法，实现更精细、智能和个性化的服务。

预期到2025年，完成税收征管制度的深度改革，打造强大的智慧税务系统。实现税务与大数据的深度融合，全面提升税务执法、服务、监管的效率。全面推行电子化发票，以降低制度性交易成本为目标。

（3）金税四期对纳税人意味着什么？

①从"以票管税"向"以数治税"分类精准监管转变。

②对纳税人进行全方位、全业务、全流程、全智能监控。

③实现智慧税务和智慧监管。

④对资金的监控将会更为严格。

⑤个人的资产收支更加透明化。

⑥社保将进一步规范化，大大推动企业主动合理规范社会问题。

47 税收大数据为纳税人精准画像

数字化时代的到来，给税务机关带来了全新的数字化变革。

社会在发展，税务执法的方式也在优化，通过利用数字化的税收监管模式搜集掌握的数据信息，税务机关可以更详细地掌握纳税人的纳税情况，也能够切实助力我国的现代化建设。

税收大数据不仅是技术的更新，而且标志着我国社会治理能力的显著提升。

税收大数据，是指综合运用大数据、云计算和人工智能等技术手段，实现数据驱动的税收治理。利用大数据为纳税人画像，正是这个治理过程的一个环节。

我们看古装剧的时候，经常会看到这样一个情节：为了捉拿江洋大盗，官府总是会使用布告张贴江洋大盗的画像。而税务系统中纳税人的画像，是靠大数据来实现的。

借助大数据精准画像，税务机关可以为纳税人提供更加个性化的服务，通过分析纳税人的现实需求与经营状况，助力纳税人精准享受到各种税收优惠政策，确保税费优惠政策红利推送到位，持续激发市场经济活力。

生产皮鞋的小红鞋公司，在税务机关借助大数据精准画像后，不需要去税务局现场咨询，就能得到与自身经营状况相符的税收优惠政策的信息。同时，税务机关还能智能化提醒小红鞋公司履行纳税义务，及时推送税收服务。

这种贴心的个性化税收服务，就是依托税收大数据为纳税人精准画像实现的。

数字化、智能化的税收征管平台，不仅能够提高办税人员的工作效率，简化纳税人的办税流程，而且可以有效避免无效的重复工作，有利于构建健康和谐的市场经济环境。

《中华人民共和国税收征收管理法》 第六条

国家有计划地用现代信息技术装备各级税务机关，加强税收

> 征收管理信息系统的现代化建设，建立、健全税务机关与政府其他管理机关的信息共享制度。
>
> 纳税人、扣缴义务人和其他有关单位应当按照国家有关规定如实向税务机关提供与纳税和代扣代缴、代收代缴税款有关的信息。

数字，是新时代发展道路上的核心词汇。身处时代浪潮中，大数据的税收征管体系，作为一种与纳税人息息相关的生产技术，已经成为市场转型发展的绝佳生产力。

数字时代下，税收大数据对纳税人的精准画像有明确的逻辑顺序和流程。在数字技术帮助下，税务机关通过画像技术提炼纳税人的典型特征，继而对综合数据实施标签化管理，提高税务服务的针对性和智能化水平。

第一步，从各类数据共享平台捕捉到更多的数据；第二步，对收集到的数据进行重组、校正，确保数据质量，继而从中提取税务相关的信用度、风险性等可用信息；第三步，结合数据模型展开评级，根据评级结果展开针对性的管理，例如，重点监控评定出来的高风险纳税人，为合规纳税人提供优质的服务等；第四步，税务机关和纳税人都可以根据税收大数据去了解掌握自己感兴趣的内容，确保纳税依法依规高效推进。

税收大数据的智能精准画像技术，既可以为纳税人提供更加便捷精准的纳税服务，也可以让企业的信息数据更加公开透明。相应地，税收征收监管的力度也会更大。

在数字化时代，只有确保合规纳税，纳税人才能切实规避税务风险，推动企业跟随时代脚步，实现数字化转型。

> **税法小课堂**
>
> （1）税收大数据是如何为纳税人建立精准画像的？
>
> 首先，税务局从纳税申报、发票、相关的税收备案、电子商务、跨境交易等多种来源获取数据，并与其他政府部门如工商、海关、社保等部门共享数据，整合信息，以得到纳税人的更完整信息。
>
> 其次，税务局会对收集来的数据进行重组、格式转换、校正等操作，确保数据质量，并根据需求从大量数据中提取对评估纳税人信用、合规性、风险等级等有用的信息。
>
> 再次，税务局会构建纳税人数据模型，并对结果进行评级。税务局联合相关机构使用统计学和机器学习算法，如决策树、聚类、神经网络等，对纳税人进行分类或预测其未来行为。根据模型的结果，税务局可以对纳税人进行风险评级，对高风险纳税人进行重点监控，为合规纳税人提供更好的服务，如更快地退税。
>
> 最后，税务局和纳税人可以根据相关的税收大数据，有针对性地提取自己想要了解的内容，为税收工作服务。
>
> （2）税收大数据对纳税人有哪些好处？
>
> ①纳税人画像建立。税务部门拥有近两千亿条的税收大数据，通过建立纳税人的全面画像，实现对有风险纳税人的精准监管。这些数据来源广泛，包括税务部门自身的数据、与外部共享的数据和从互联网获取的公开数据。
>
> ②方便税务管理。税务部门开发了一千多个税收风险指标模

型，对纳税人进行全面"体检"，根据规则筛选出有风险和无风险的纳税人，对二者实施差异化管理。

③政策有效推送。税务部门利用税收大数据对纳税人和税费信息进行标签化处理，建立精准的政策推送模型，通过数字化平台等方式，实现"政策找人"，使税费优惠政策精准直达纳税人。

④利于业务开展。税务部门应用大数据技术，实现了企业申报数据的日常监控和动态分析，掌握符合退税条件的企业信息，推送政策并开展业务辅导，使企业快速享受留抵退税等优惠政策。

⑤打击骗税行为。税务部门建立了防范骗取留抵退税的风险指标和模型，在审核过程中对存在重大嫌疑的行为进行甄别，并与公安部门联合打击骗税行为，保障留抵退税政策落实。

48 什么是"一人一税号，一人一档案"？

税务征管过程中的"一人一税号"，指的是一个实名纳税人只能绑定一个税号。

简单理解，税号就是纳税界的通行身份证。

在今后的税务征管中，对纳税人的身份核查会更加智慧友好。在大数据、云计算及人工智能等高新信息技术手段之下，税务监管平台的全国联网已经不在话下，为了便于开展税务征管工作，一人一税号是大势所趋。

一地注册，全国通用。

有人也许会很好奇，这种一人一税号，是不是只是针对企业纳税人呢？

并不是！类似于企业只能拥有一个税号且终身不变的模式，个人也将拥有自己终身不变的独立税号，这个税号跟个人的身份证号保持一致，通过这个税号，纳税人的收入、经营状况将会更加公开透明，在金税四期背景下，别有用心的人士将会无处遁形。

"一人一档案"是借助税务机关的智慧税务平台实现的，在智慧税务平台体系下，纳税人接受的是更加优质高效的服务，税务机关的管理也会更加智能精准。

借助这个平台，纳税人在平台申报操作后，平台会自动将相关的涉税信息进行归类整理，开启动态监控，为纳税人创建一个独立的"一人式"税务数字账户。

举个例子：

羊咩咩公司卖了一批羊肉，借助平台开具了一张发票，相关的开票信息就会被金税四期系统获取，平台会智能化地将这些信息归集到羊咩咩公司的税务档案中，并智能化地进行监控分析，系统一旦发现纳税人有风险行为，就会立刻提醒税务机关进行关注。

> **中共中央办公厅 国务院办公厅印发《关于进一步深化税收征管改革的意见》**
>
> （四）加快推进智慧税务建设。充分运用大数据、云计算、

人工智能、移动互联网等现代信息技术，着力推进内外部涉税数据汇聚联通、线上线下有机贯通，驱动税务执法、服务、监管制度创新和业务变革，进一步优化组织体系和资源配置。2022年基本实现法人税费信息"一户式"、自然人税费信息"一人式"智能归集，2023年基本实现税务机关信息"一局式"、税务人员信息"一员式"智能归集，深入推进对纳税人缴费人行为的自动分析管理、对税务人员履责的全过程自控考核考评、对税务决策信息和任务的自主分类推送。2025年实现税务执法、服务、监管与大数据智能化应用深度融合、高效联动、全面升级。

《中华人民共和国税收征收管理法》 第二十五条

纳税人必须依照法律、行政法规规定或者税务机关依照法律、行政法规的规定确定的申报期限、申报内容如实办理纳税申报，报送纳税申报表、财务会计报表以及税务机关根据实际需要要求纳税人报送的其他纳税资料。

扣缴义务人必须依照法律、行政法规规定或者税务机关依照法律、行政法规的规定确定的申报期限、申报内容如实报送代扣代缴、代收代缴税款报告表以及税务机关根据实际需要要求扣缴义务人报送的其他有关资料。

大数据时代，借助规范化的智慧税务平台，对涉税信息进行精准扫描、分析和识别，智能化地判定其合理性，继而及时捕捉异常操作，依靠的都是"一人一税号，一人一档案"。

在这样的管理模式下，无论是个人还是单位的纳税信息都会被一览无余，一旦纳税人发生了涉税业务却没有依法纳税，就会很容易让自己陷入税务风险之中。

同时，帮助职工代扣代缴个人所得税的单位或者个人，必须按照法律规定足额缴税，如果采取一些违规操作为职工逃避税款，面对"一人一税号，一人一档案"的大环境，自己的违法行为也会无所遁形。

税务征管智能化，也推动着税务征管工作的规范化。

在"一人一税号，一人一档案"的背景下，无论是企业还是自然人纳税群体都应该明白，税务机关的监控无所不在。借助独一无二的税号，税务机关能够精准掌握纳税人的涉税记录和行为，继而全力确保税收征管工作的顺利推进，切实维护社会的公平正义。

这样的管理方式也能够侧面警醒纳税人：你是在税务机关的系统中建立了纳税档案的人（企业）了！任何涉税记录都会留下痕迹！继而提醒其增强自我约束意识，提高依法纳税的认知，全力提高工作成效。切实保障合规经营、合法纳税，如实准确地申报税款，以免让企业和个人陷入税务风险之中。

税法小课堂

（1）什么是"一人一税号，一人一档案"？

结合金税四期和大数据的背景，"一人一税号，一人一档案"的管理模式实现了税务管理的个性化和数字化。这意味着，无论是单位还是个人，每个纳税人都有一个唯一的识别号码和集中的税务记录档案，大大提高了税务管理的效率、准确性和透明度，从而确保了税收的公平性。

此外，代为缴纳所得税的单位或个人作为扣缴义务人，应当按照法律的规定，为员工扣缴并代为缴纳所得税。如果存在替收工资（即代缴义务人未按实际工资额为员工扣缴和缴纳所得税，而是按照较低的工资额或其他方式来操作）的情况，那么在"一人一税号，一人一档案"的背景下，这种违法行为将会很容易被查出来，这将使这类违法犯罪的风险大大提高，从而使这类违法犯罪行为大大减少。

（2）"一人一税号，一人一档案"对纳税人有什么警示意义？

通过唯一的税号，税务部门可以更加准确地追踪到每个纳税人的经济行为和税务记录，确保每一分钱的收入都能被合理地征税。这避免了偷逃税等税收违法行为的发生，确保社会的公平。

此外，该做法也将会大大提高纳税人的纳税自律性。税务部门有一个完整且持续更新的纳税档案，这能够促使纳税人报税更加主动和自觉，也让纳税人报税变得更加容易和准确。同时，这种自我管理意识也会帮助纳税人避免可能出现的税务纠纷，提高自身办税的工作效率。

49 为什么要对纳税人群进行分级和分类？

税务机关对纳税人实施分类分级管理，主要指的是在保持税款入库的级次不变的情况下，通过风险管理的方式，借助信息化手段，依据税务机关不同层级、不同管理职责内容展开分级，就纳税人和涉税事项进行科学分类，把有限的资源倾注到税收风险更高、税收集中程度更高的纳税人群体中。

对纳税人群进行分级分类的目的，是推动实现税收征管的规范化、专业化和差异化。

某地税务局依据纳税人的信用等级，将纳税人分为A、B、C三类。A类纳税人信用等级最高，针对这一类纳税人，税务局为其设置了更多的办税便利，比如，可以单次领取最多3个月的增值税专用发票，同时享受优先办理出口退税、缩短退税审批时间等优惠。

这种依据信用展开的分级、分类，让社会各界深刻地认识到了依法依规纳税的重要意义，大幅提高了税收征管的效率。

一句话概括,就是看你的"纳税表现"如何。

总体来看,对纳税人群的分级和分类,是有效提高税收征管成效的一种方法。这种方法可以优化税收资源的分配,也可以切实做好风险管控,维护正常的税收秩序。

正如上述案例所示,为信用良好的纳税人提供更高效便捷的税收服务,能够形成良好的示范带动效应,鼓励更多的纳税人自觉及时足额缴纳税款。

> **中共中央办公厅 国务院办公厅印发《关于进一步深化税收征管改革的意见》**
>
> (十八)建立健全以"信用+风险"为基础的新型监管机制。健全守信激励和失信惩戒制度,充分发挥纳税信用在社会信用体系中的基础性作用。建立健全纳税缴费信用评价制度,对纳税缴费信用高的市场主体给予更多便利。在全面推行实名办税缴费制度基础上,实行纳税人缴费人动态信用等级分类和智能化风险监管,既以最严格的标准防范逃避税,又避免影响企业正常生产经营。健全以"数据集成+优质服务+提醒纠错+依法查处"为主要

内容的自然人税费服务与监管体系。依法加强对高收入高净值人员的税费服务与监管。

中共中央办公厅 国务院办公厅印发《关于进一步深化税收征管改革的意见》

（十九）加强重点领域风险防控和监管。对逃避税问题多发的行业、地区和人群，根据税收风险适当提高"双随机、一公开"抽查比例。对隐瞒收入、虚列成本、转移利润以及利用"税收洼地""阴阳合同"和关联交易等逃避税行为，加强预防性制度建设，加大依法防控和监督检查力度。

纳税人既包括单位纳税人，也包括个人纳税人。

依据纳税人的不同经济属性，根据不同的行业及规模，以及特殊的业务类别，单位纳税人可以划分为大企业、重点税源企业和一般税源企业。

按照收入的高低，个人纳税人被分为高收入高净值自然人和一般自然人。

一般来说，纳税人分类的具体标准是由省级以上税务机关确定的。

将纳税人分类之后，依照类似于"大案大管"的原理，针对纳税人的不同类别，负责税务管理的税务机关级别自然也有差异。

从行政级别上看，一般情况下，一般税源企业、一般自然人纳税群体主要是由县级税务机关管理；大企业、重点税源企业和高收入高净值自然人则是由对应的省市级税务机关实行分级负责管理。

同时，按照信用等级将纳税人进行相应级别的分类后，税务机关也能够有针对性地展开风险应对的管理工作。

对于经济实力较强、资产负债健康、纳税信用良好、纳税规模较大等信用级别较高的纳税人，对其实行便利快捷的税收征管举措，如有针对性地简化报税流程、延长申报期限等。

对于经济实力较弱、负债较多、风险较高等信用级别较低的纳税人，对其适当调整监管举措，通过更加严密的关注，如增加检查的频次、缩短申报期限等，切实强化风险防范。

社会经济的发展离不开优惠的政策，也离不开良好的公共服务，鼓励纳税人合法依规纳税，将更多的优质服务产品推送给合法合规纳税人，就是对纳税人群进行分级分类管理的最大优势。

税法小课堂

（1）为什么要对纳税人进行分级和分类？

对纳税人进行分级和分类是税务管理的一个有效手段，能够提高税收征管的工作效率。它不仅可以优化资源分配，满足不同纳税人的特定需要，而且能够加强税收风险管理，维护社会的公平与正义。

同时，通过为纳税信用良好的单位和个人提供更好的税务服务，可以鼓励更多的纳税人遵守税收法规，及时准确地申报和缴纳税款，维护更多纳税人的利益。

（2）如何对纳税人进行分级分类管理？

①按行政区域分级。

A. 省市级纳税人：这些纳税人属于省、自治区、直辖市范围内。他们往往拥有更大的经济规模和影响力，需要更高级别的税务管理和服务。

B. 县级纳税人：这些纳税人主要在县、县级市、区范围内。他们的经济规模和影响力相对较小，但数量较多，需要更加细致和地域化的管理。

②按经济属性分类。

对高收入高净值人群实施更严格的监管，密切关注其收入变化；对一般人群提供更多便利，减轻其申报税额负担。

A. 高收入人群：根据国家和地方的税务标准，这部分纳税人的年收入达到一定的标准，如年收入在某一阈值以上。他们的税收贡献较大，需要税务部门提供更加个性化和高质量的服务。

B. 高净值人群：这部分纳税人的资产规模较大，且开展了丰富的投资和资本运作。他们的税务问题可能更加复杂，需要专业和深度的税务咨询服务。

C. 一般人群：这部分纳税人的税务问题和需求相对标准化，税务部门可以通过自助、线上等方式为他们提供服务。

③按信用级别分类。

对信用级别高的纳税人实行更加便利快捷的管理，如简化申报程序、延长申报期限等；对信用级别低的纳税人进行更为严格的监管，如增加检查频次、缩短申报期限等。

A. Ⅰ类纳税人：经济实力比较强，纳税规模较大，资产负债状况比较健康，且纳税信用记录良好。

B. Ⅱ类纳税人：经济实力较强，纳税规模较大，但资产负债状况一般。

C. Ⅲ类纳税人：纳税规模不大，但资产负债表现还算正常，纳税信用记录好。

D. Ⅳ类纳税人：经济实力比较弱，纳税规模偏小，资产负债状况较差且纳税信用记录较差。

此外，还可以按照税源进行分类。根据不同行业的税收风险特征，制定具有针对性的监管措施。对风险较高的行业加大监管力度，如增加检查次数、要求提供更多资料等；对风险较低的行业实行便利化管理，如采取非实地检查等。

第九章 大数据背景下的税务征管趋势

50 多部门税收信息交换和共享如何实现？

多部门税收信息交换和共享是一个全新的课题，也是税务征管制度实现数字化的现实成果。

传统的税务机关只能借助发票和纳税人自主申报等方式去掌握纳税人的涉税模式是否被改善，而借助信息交互平台，税务机关不仅可以通过税务方向的综合信息去了解纳税人的情况，而且可以通过部门协作，借助其他部门掌握的纳税人相关经济数据的信息，实现税收征管的全方位监控。

在以往孤立的信息获取机制下，难免会存在因信息缺失和不对等使一些违法纳税人逍遥法外的情况。借助多部门联合建立的涉税信息共享平台，税务机关可以立即发现纳税人的相关违法行为，而且涉及的范围也很广泛，任何违法行为都会无处遁形，纳税人想要偷逃税款必定会付出相应的代价。

王瓜瓜公司因为偷税行为被税务机关稽查，税务局给王瓜瓜开了一张罚款决定书，要求其在限期内缴纳罚款，但是王瓜瓜公司一直声称没有钱，拒绝缴纳罚款。借助多部门税收信息交换和共享的平台，税务机关就可以将王瓜瓜的涉税信息提供给相关部门，王瓜瓜的出行、买房、出国等行为都有可能受到影响。

那么多部门之间的税务信息是怎样交互和共享的呢？

这些信息的交换和共享是依托一个统一的政务信息资源共享平台实现的。值得注意的是，在这个平台上提交数据信息时，各个部门提交的数据信息格式和参照标准都是一致的，同时，为了防止隐私信息外泄，全力保障数据信息安全，还有专门的技术措施对平台进行运营维护。在合作程序方面，还会明确能够在平台上传、下载信息数据的部门有哪些，明确相应的操作步骤。同时，为了保障平台的正常运营，还会结合实际情况，及时优化升级，切实提升部门协作的工作效率。

中共中央办公厅 国务院办公厅印发《关于进一步深化税收征管改革的意见》

（二十一）加强部门协作。大力推进会计核算和财务管理信息化，通过电子发票与财政支付、金融支付和各类单位财务核算系统、电子档案管理信息系统的衔接，加快推进电子发票无纸化报销、入账、归档、存储。持续深化"银税互动"，助力解决小微企业融资难融资贵问题。加强情报交换、信息通报和执法联动，积极推进跨部门协同监管。

《中华人民共和国数据安全法》 第三十八条

国家机关为履行法定职责的，需要收集、使用数据，应当在其履行法定职责的范围内依照法律、行政法规规定的条件和程序进行；对在履行职责中知悉的个人隐私、个人信息、商业秘密、保密商务信息等数据应当依法予以保密，不得泄露或者非法向他人提供。

信息共享是联动协作的关键所在，借助重点业务部门掌握的现实数据信息，及时跟踪掌握纳税人的生产经营信息，掌握纳税人的综合涉税信息，分析其税务状况，能够有效促进税收征管的规范化、科学化。

信息交换和共享平台的建立，是为了引导各部门切实履行好职能作用，形成互相协作、多方参与、共治共享的税收共治格局，各个部门能够借助这个平台实现信息共享，及时补足短板，轻松实现跨部门的税收治理，共同推动地方经济的高质量发展。

借助多部门提供的信息数据，纳税人能够"一站式"完成涉税事务的办理，无须再向相关部门多次提供重复的信息，纳税流程更加简洁；纳税人也可以清晰了解到自己的涉税信息是怎样获取的，纳税程序更加透明；信息实现交换和共享，也可以不断引导纳税人及时完善自己的涉税信息，避免其陷入涉税风险。政务服务的水平更高，效率也会更高。

税法小课堂

（1）如何实现税收信息的多部门交换和共享？

①建立统一的政务信息资源共享平台。需要有一个中心化的平台，作为各部门数据交换和共享的核心。

②数据标准与格式统一。各部门在提交数据时，需要确保数据格式和标准是统一的，这样才能确保数据的顺畅交换和共享。

③确立数据安全和隐私保护机制。保障税收信息的安全性和纳税人的隐私权益是非常重要的。这包括数据加密、防止非法访问和数据泄露的技术措施。

④建立合作机制和流程。确定哪些部门有权利访问和共享某些数据，以及在什么情况下可以共享。同时，建立清晰的数据上传、下载、查询等操作流程。

⑤持续监测与优化。对平台的运作进行持续的监测和评估，根据实际需要进行优化，以满足各部门和纳税人的需要。

（2）建立税收信息的多部门共享机制，对纳税人有哪些好处？

①简化纳税流程。通过数据共享，纳税人可以减少资料的重复提交和与不同部门的沟通时间，从而简化纳税流程。

②提高纳税透明度。纳税人可以更清晰地了解税务部门如何

处理其税收信息，以及如何与其他部门共享这些信息，从而提高纳税的透明度。

③提高纳税准确性。数据的共享有助于税务部门更准确地评估纳税人的税务状况，从而避免可能的误报和重复报税的情况。

④减少税务违规。当多个部门共享税收信息时，可以更有效地跟踪和处理可能的税务违规行为。

⑤提供更好的政府服务。数据的交换和共享不仅可以提高税务部门的工作效率，而且可以使其他部门为纳税人提供更为贴心和高效的服务，如社会保障、医疗、教育等方面的服务。

51　银行与税务联网了吗？

经常有人问，银行与税务系统联网了吗？一般情况下，单位和个人在商业银行的存款信息受到保护，不允许任何单位或个人随意查询。只要纳税人的经营活动合法、经济业务真实、发生应税行为已按时足额纳税，其资金收付方式本身通常不会带来税收风险。

有些地区的人民银行与税务部门建立信息共享机制，税务部门可将人民银行提供的相关大额交易信息作为线索，对疑点纳税人进行税收检查，但这种做法不具备普遍性，也不能得出税务与银行全面联网的结论。

但是，根据相关法律法规，税务机关在特定情形下，经过一定程序后可以查询纳税人在银行的相关账户信息。例如，《中华人民共和国税收征收管理法》第五十四条第（六）项规定，经县以上税务局（分局）局长批准，凭全国统一格式的检查存款账户许可证明，税务机关可以查询从事生产、经营的纳税人、扣缴义务人在银行或者其他金融机构的存款账户。税务机关在调查税收违法案件时，经设区的市、自治州以上税务局（分局）局长批准，也可以查询案件涉嫌人员的储蓄存款。

　　也就是说，银行并没有与税务直接联网，但如果发现你有税收违法行为，税务机关有办法通过合法的程序查询你的账户。有人之所以害怕税务机关查银行流水，是因为银行流水就如照妖镜，是妖是魔一看便知。比如，如果虚开发票，就一定会有资金回流；如果有账外经营，就一定有收款记录；如果有阴阳合同，就一定有资金的体外循环。哪怕你通过很多的中转账户"九转十八弯"也不怕，现在的大数据分析技术能帮税务机关抽丝剥茧、还原真相。所以说，税务稽查的尽头其实是"资金监管"。

《中华人民共和国商业银行法》 第三十条

　　对单位存款，商业银行有权拒绝任何单位或者个人查询，但法律、行政法规另有规定的除外；有权拒绝任何单位或者个人冻结、扣划，但法律另有规定的除外。

> **《中华人民共和国税收征收管理法》第五十四条**
>
> 税务机关有权进行下列税务检查：
>
> （一）检查纳税人的账簿、记账凭证、报表和有关资料，检查扣缴义务人代扣代缴、代收代缴税款账簿、记账凭证和有关资料；
>
> （二）到纳税人的生产、经营场所和货物存放地检查纳税人应纳税的商品、货物或者其他财产，检查扣缴义务人与代扣代缴、代收代缴税款有关的经营情况；
>
> （三）责成纳税人、扣缴义务人提供与纳税或者代扣代缴、代收代缴税款有关的文件、证明材料和有关资料；
>
> （四）询问纳税人、扣缴义务人与纳税或者代扣代缴、代收代缴税款有关的问题和情况；
>
> （五）到车站、码头、机场、邮政企业及其分支机构检查纳税人托运、邮寄应纳税商品、货物或者其他财产的有关单据、凭证和有关资料；
>
> （六）经县以上税务局（分局）局长批准，凭全国统一格式的检查存款账户许可证明，查询从事生产、经营的纳税人、扣缴义务人在银行或者其他金融机构的存款账户。税务机关在调查税收违法案件时，经设区的市、自治州以上税务局（分局）局长批准，可以查询案件涉嫌人员的储蓄存款。税务机关查询所获得的资料，不得用于税收以外的用途。

那么，在税务调查的过程中，税务机关主要查看的是哪些信息呢？

根据法律规定，在税务调查中，税务机关对涉嫌逃税的纳税人的审查，包括但不限于查询其银行交易记录、查看资产凭证、核对账目资料、查看财产权属证明等。

当银行与税务机关信息共享后，如果在银行开设企业账户的公司出现了一些异常的交易行为，如大额现金交易、超额划款、不合规的公私转账等，这些都有可能被系统捕捉监测到。系统在捕捉监测到这些异常信息后会自动推送给税务机关，税务机关根据这些信息进行综合判断，核查发现确实存在违法纳税行为后，才可以调取纳税人的银行账户信息。

所以，作为纳税人，要遵守税法规定，如实申报并缴纳税款，也只有这样，才能共促税收公平，共护社会正义。

税法小课堂

（1）税务机关与银行是否联网？

我国法律对于商业银行办理的个人和单位的储蓄存款信息有明确的保密规定。在没有特定法律依据的情况下，商业银行有权拒绝任何单位或者个人查询纳税人的储蓄存款信息。

但是，根据《中华人民共和国税收征收管理法》的规定，税务机关在一定的程序下，如得到适当批准，并有全国统一格式的检查存款账户许可证明时，可以查询从事生产、经营的纳税人、扣缴义务人在银行或其他金融机构的存款账户。

一些地方的中国人民银行与税务部门可能已经建立了信息共享机制。税务部门可以将中国人民银行提供的大额交易信息作为线索来进行税收检查。

（2）税务局是否有权查看个人或单位的银行流水？

根据《中华人民共和国税收征收管理法》的规定，税务机关可以在以下情况下查询纳税人的存款账户：

①经县以上税务局局长批准，并凭全国统一格式的检查存款账户许可证明。

②税务机关在调查税收违法案件时，经设区的市、自治州以上税务局局长批准，可以查询涉案人员的储蓄存款账户。

与此同时，税务机关获取的银行账户资料只能用于税收用途，不得用于其他目的。

此外，与金税四期联网的银行已经可以进入企业信息联网核查系统。这意味着，如果公司存在某些异常交易行为，如大量现金交易、超限额划款、不合规的公转私或私转公等，它们有可能会被筛查系统检测出来并被视为异常行为，之后这些信息可能会被推送到税务机关。在税务机关经过核查后认为存在偷逃税行为时，才可能进一步查看纳税人的账户信息。但即使在这种情况下，也必须经过县以上税务局局长的批准。

52 银行资金监管与税务监管

有一种负担叫"甜蜜的负担",比如你收到一笔金额不小的"辛苦费",而且是现金。现金要"塞"进手机,只能去银行把现金存到账户里。但是现在存钱可没那么容易,银行的工作人员会对你进行各种盘问,然后让你填写《大额现金登记表(存款)》,其中有一个非常重要的信息,就是资金来源,共十五项,其中就包括个人所得税法规定的九项所得。看到这很多人肯定就犯嘀咕了,难道银行这是要通知税务局来征我的税?确实会有这种风险,但其实对于银行来说,他们主要是在履行其资金监管方面的职责,了解资金来源和用途,以防范洗钱、恐怖融资等非法活动,按照法律法规和监管要求,及时报告可疑交易。

中国人民银行于 2016 年 12 月 28 日正式出台了《金融机构大额交易和可疑交易报告管理办法》,经 2016 年 12 月 9 日第 9 次行长办公会议通过,自 2017 年 7 月 1 日起施行。其根据《中华人民共和国反洗钱法》《中华人民共和国中国人民银行法》《中华人民共和国反恐怖主义法》等有关法律法规制定，主要目的是规范金融机构大额交易和可疑交易报告行为。

2018年7月26日，中国人民银行发布了《中国人民银行关于修改〈金融机构大额交易和可疑交易报告管理办法〉的决定》（中国人民银行令〔2018〕第2号），自发布之日起施行。主要是将原管理办法中第十五条修改为"金融机构应当在按本机构可疑交易报告内部操作规程确认为可疑交易后，及时以电子方式提交可疑交易报告"，进一步提升义务机构可疑交易报告的有效性。

看到这里，聪明的你恍然大悟，原来银行对我的钱各种限制，是因为"反洗钱"，而不是因为他们知道了我偷漏税。即使是这样，你也千万不能大意，银行资金监管与税务监管存在密切的关系。

（1）信息共享与协作。银行在资金监管过程中掌握的客户资金流动信息，可以为税务监管提供有价值的线索和数据支持。税务机关可以通过与银行的信息共享和协作，更全面地了解纳税人的经济活动和财务状况，加强税收征管。

（2）防范逃税漏税。银行对资金的监控有助于发现异常的资金转移和交易模式，这可能与逃税漏税行为相关。税务监管部门可以借助这些信息来识别潜在的税务违规行为，遏制企业和个人通过不正当的资金操作逃避纳税义务。

（3）资金来源与去向的追踪。税务监管需要确定纳税人的收入来源和支出用途，以准确计算应纳税额。银行资金监管能够帮助追踪资金的流向，验证纳税人申报的交易和收支情况的真实性。

（4）税收征管效率提升。通过银行的资金监管数据，税务机关可以更高效地筛选和评估税务风险，有针对性地进行税务检查和审计，提高税收征管的效率和准确性。

（5）促进合规纳税。银行资金监管的严格执行，能够对企业和个人起到一定的约束、监督和震慑作用，促使其在经济活动中遵守税收法规，合规纳税。

总之，银行资金监管与税务监管相互配合、相互支持，有助于维护金融秩序和税收秩序，保障国家财政收入和经济的健康发展。

纳税人应按照相关法律法规，上报自己在银行或者其他金融机构开具的全部涉税账户。

《中华人民共和国税收征收管理法》 第十七条

从事生产、经营的纳税人应当按照国家有关规定，持税务登记证件，在银行或者其他金融机构开立基本存款账户和其他存款账户，并将其全部账号向税务机关报告。

银行和其他金融机构应当在从事生产、经营的纳税人的账户中登录税务登记证件号码，并在税务登记证件中登录从事生产、经营的纳税人的账户账号。

> 税务机关依法查询从事生产、经营的纳税人开立账户的情况时，有关银行和其他金融机构应当予以协助。

相对于银行转账，现金的可溯性会弱很多，也给很多违法犯罪分子提供了便利，这也是为什么银行对大额现金收支会异常关注。

大额现金管理，是指人民银行及相关部门依据相应法律法规，对通过商业银行办理一定金额以上的现金存取业务，综合采取预约、登记和分析等一系列管理措施。

我们为什么要开展大额现金管理呢？

这是为了在保障合理需求的同时，预防借助大额现金开展违法犯罪活动的问题。

大额现金管理的起点设置明确了既要保护企业、个体工商户和社会公众合理的用现需求，又要加强对可能存在偷逃税、逃避监管和不合理占用社会资源的"关键少数"现金交易的监测。

目前，深圳特区对公账户管理起点为50万元，对私账户管理起点为20万元。如果大额现金的存取金额超过了该数值，就需要进行登记报告。

通过大额现金管理，能够形成强有力的监管合力，切实维护税收征管秩序。

> 《中国人民银行关于开展大额现金管理试点的通知》（银发〔2020〕105号） 第八条
>
> 八、大额现金管理金额起点的设置有哪些考虑？
>
> 大额现金管理金额起点是试点重要内容，既要保护企业、个

体工商户和社会公众合理的用现需求，又要加强对可能存在偷逃税、逃避监管和不合理占用社会资源的"关键少数"现金交易的监测。目前设定河北省、浙江省和深圳市试点对公账户管理起点为50万元，对私账户管理起点分别为10万元、30万元、20万元。起点的设定均经过充分的数据采集和分析，各地起点之上业务笔数、金额在现金存取业务中的占比大致相当，体现了全局统筹与各地实际相结合。大额现金管理金额起点与反洗钱报告起点功能不同，可互为补充，前者金额更高，既能起到强化管理的作用，也不会给试点地区银行业金融机构造成大的报送负担。

税法小课堂

（1）个人账户有哪些分类？

Ⅰ类户：它是"钱箱"，你可以把它想象为主要的存储和交易账户。在此类账户中，你可以进行存、贷、汇、投融资等交易，境内外都可以。

Ⅱ类户：它是"钱夹"。它有限制，如限额消费、购买投资或理财产品、限额转账等。单日最多可转1万元，全年限额为20万元。

Ⅲ类户：可以称其为"零钱包"。此类账户有更多的限制，如单日转账限额为2000元，全年为5万元。任何时候，此类账户的余额都不能超过2000元。

（2）个人账户之间转账需要交税吗？

一般情况下，个人账户之间的转账并不会直接对税务产生影响。真正需要关心的是这笔转账背后的业务逻辑。如果这笔钱是应税款项，则必须纳税。

（3）深圳特区的大额现金的管理起点是怎样的？

深圳特区对公账户管理起点为50万元，对私账户管理起点为20万元。如果大额现金的存取金额超过了该数值，就需要进行登记报告。

（4）大额交易报告金额的起点是怎样规定的？

根据《金融机构大额交易和可疑交易报告管理办法》，大额交易报告金额的起点规定如表9-1所示。

表9-1 大额交易报告金额的起点规定

大额交易		大额标准（人民币）
现金支取		5万元（含）以上
转账方式	非自然人账户与其他账户的款项划转	200万元（含）以上
	自然人账户与其他账户的境内款项划转	50万元（含）以上
	自然人账户与其他账户的跨境款项划转	20万元（含）以上

53 如何建立个人纳税信用体系？

和西方一些发达国家相比，我国公民的自主纳税意识明显要淡薄很多。其实说到底还是违法成本太低。

从根源上看，这是我国现有的税收征管体系还不够健全造成的。构建科学的税收征管体系和个人纳税信用体系很有必要。

通过建立个人纳税信用体系，对纳税人自主履行纳税义务的情况进行评判，能够切实避免纳税人违法纳税行为的发生。

从近年来我国频频发生的网红、明星"因税而塌"的现象可以看出，我国的个人纳税信用体系建设还不够规范完善，需要通过切实有效的措施去推动健全。随着普通人纳税意识的不断强化，公众也更期待税务机关能够搭建起一个高效的个人纳税信用体系。

事实上，只要税务申报与个人的社会信用完成了闭环连接，偷逃税者将寸步难行。

健全的个人纳税信用体系能够有效引导纳税人诚信纳税，使其公平地享受税收优惠政策，同时，在社会层面形成关于个人纳税信用建设的支撑力量，确保税务机关的各项征管举措能够落地落实，让整个税务征管工作中的信用体系建设向更高水平发展。

我们以此前因为税务问题而塌房的网红某娅为例，如果她一开始就置身于一个透明的个人纳税信用体系之中，深知自己的违法纳税行为和个人的社会信用是紧密联系在一起的，那她还会选择偷逃税款吗？

一定不会。

当个人的社会信用成为个人发展的关键所在，那些想实施违法纳税行为的"有心人"，一定会考虑相应的违法成本。

维护正常的税务秩序，鼓励自然人依法纳税，是建立个人纳税信用体系的最终方向。

我们怎样做才能够建立起健全完备的个人纳税信用体系呢？

首先，要构建一个高效的社会信用平台，切实发挥好信用信息共享平台的作用，通过智慧化的数据采集、研判、归集守信或者失信行为，并将其纳入个人的综合信用评价之中。

其次，要建立科学的信用评价模型，及时评定纳税人的信用状况，构筑动态化的调整机制，确保对纳税人的信用状况掌握到位、评价到位。

再次，个人纳税信用评价结果出来以后，要合理运用，通过向社会机构公开其信用状况、纳税信誉等措施，加大对失信纳税人的惩戒力度，持续加大失信纳税人在社会生活中应付出的代价。同时，通过部门协作，对纳税信用较低的纳税人采取一些限制性措施，让其知道纳税失信的严重后果。

最后，为了在社会上形成良好的教育引导作用，税务机关在加大惩罚力度的同时，也要强化常规的宣传教育引导。

一方面，要向社会公众宣讲依法纳税的重要性，宣传一些基本的税收常识，让依法纳税的观念深入人心；另一方面，要做好对建立个人纳税信用体系的宣传，让社会公众科学看待这一体系，自觉维护和谐守信的社会氛围。

此外，要构建科学的信用修复机制，通过定期信用修复的方式，鼓励纳税人在规定的期限内主动纠正自己的失信行为，消除不良影响。

税法小课堂

如何建立个人纳税信用体系？

建立个人纳税信用体系主要是为了维护税务秩序、鼓励自然人依法纳税，并有助于提高我国的整体社会信用体系水平。建立个人纳税信用体系的具体措施如表 9-2 所示。

表 9-2　建立个人纳税信用体系的具体措施

序号	措　施	说　明
1	加强数据采集	自动化数据采集：与其他机构（如银行、金融机构）进行数据交互，确保纳税人信息的实时性 开放数据上报渠道：允许纳税人在线提交或修正相关信息

续表

序号	措施	说明
2	建立信用评价模型	制定评分算法：综合历史纳税记录、税务违规频率等，为纳税人设定评分 定期修订：确保评分算法的公平性和准确性
3	实施动态调整机制	根据纳税人的行为及时更新其信用评价
4	信用修复机制	为纳税人提供纠错机会，并对主动纠错的行为予以奖励
5	信用结果的公开与应用	公开评级结果：依法公开纳税人的信用评级 分级服务管理：根据评级结果，对纳税人进行不同等级的服务和管理
6	法规建设	制定相关法律和政策，为纳税信用体系提供法律支撑
7	信息系统建设	利用现代技术手段，如云计算、大数据等，提高数据处理效率
8	发展涉税服务机构	鼓励成立涉税服务机构，帮助纳税人规范纳税
9	宣传与教育	诚信教育：普及税收知识，强调纳税信用的重要性 舆论作用：通过各种媒体平台，加大对纳税信用体系的宣传力度，引导社会公众树立诚信观念
10	激励与惩罚机制	激励制度：对于维持高信用的纳税人，提供税务便利或税收减免等 惩罚措施：对于信用评级较低的纳税人，增强审计力度，并限制其在其他领域的权益

54 税收征管与共同富裕

共同富裕是中国特色社会主义的根本原则和目标,税收征管在实现共同富裕的过程中发挥着重要作用。

税收征管到底发挥着什么样的作用呢?我们先来看三次分配。

第一次分配是指按照市场机制进行的分配。在市场经济条件下,各种生产要素通过市场参与分配,劳动者根据其劳动贡献获得工资收入,资本所有者获得利润、利息等收入,土地所有者获得地租等。第一次分配强调的是效率,通过市场竞争实现资源的有效配置和要素的合理回报。

第二次分配是指政府通过税收、社会保障、转移支付等手段对收入进行调节和再分配。政府通过税收政策,如累进所得税,对高收入者征收更多的税款;通过社会保障制度,为低收入者和弱势群体提供基本生活保障;通过转移支付,将资金从富裕地区向贫困地区转移,以实现社会公平和减少贫富差距。

第三次分配是指个人或企业基于自愿原则，以慈善、捐赠、志愿活动等方式对社会资源和财富进行的分配。它依靠道德力量，是对前两次分配的补充。

三次分配相互配合，共同促进社会公平，缩小贫富差距，推动实现共同富裕的目标。

那落实到具体的税收政策，哪些在促进共同富裕方面发挥着重要作用呢？比如：

（1）个人所得税改革：

提高个人所得税起征点，减轻中低收入群体的税收负担。

优化税率结构，加大对高收入群体的税收调节力度，实行累进税率，收入越高，税率越高。

增加专项附加扣除项目，如子女教育、大病医疗、住房贷款利息、赡养老人等，以更精准地减轻特定群体的税负。

（2）征收房地产税：对多套房产或大面积房产征收房地产税，调节财富分配。

（3）遗产税和赠与税：对高额遗产和赠与征收税款，防止财富过度集中和代际传递导致的贫富差距固化。

（4）消费税改革：对奢侈品、高档消费品等提高消费税税率，扩大消费税的征收范围，既能增加财政收入，又能调节高消费行为。

（5）税收优惠政策方面：

对小微企业和个体工商户给予税收减免和优惠，促进创业和就业，增加中低收入群体的收入来源。

对于公益性捐赠，实行限额税前扣除政策：对于企业的符合条件的公益性捐赠，在年度利润总额12%以内的部分，准予在计算应纳税所得额时扣除；超过年度利润总额12%的部分，准予结转以后三年内在计算应纳税所得额时扣除。

个人将其所得对教育、扶贫、济困等公益慈善事业进行捐赠，捐赠额未超过纳税人申报的应纳税所得额30%的部分，可以从其应纳税所得额中扣除。

一般情况下是限额税前扣除，特殊情况下可以全额税前扣除，如对目标脱贫地区的捐赠，对亚运会、冬奥会的捐赠等。相当于你捐赠的款项里有一部分是应缴的税款，以此鼓励更多有能力有实力的人进行捐赠，做公益的同时，缩小贫富差距，实现共同富裕。

对特定地区，如贫困地区、革命老区等实施税收优惠，促进区域均衡发展。

（6）社会保障方面：完善社会保障制度，确保社会保障资金的稳定来源，提高社会保障水平，为中低收入群体提供更好的保障。

（7）加强税收征管：加大对逃税、漏税的打击力度，特别是加大对高收入高净值人群的税收征管，确保税收公平，防止税收流失，使税收政策能够更有效地发挥调节作用。

如果把共同富裕比喻成一台机器，那么税收征管就是一个非常重要的抓手。

中共中央办公厅 国务院办公厅印发《深化国税、地税征管体制改革方案》

（二）改革目标

到 2020 年建成与国家治理体系和治理能力现代化相匹配的现代税收征管体制，降低征纳成本，提高征管效率，增强税法遵从度和纳税人满意度，确保税收职能作用有效发挥，促进经济健康发展和社会公平正义。

《财政部 国家税务总局关于公益性捐赠支出企业所得税税前结转扣除有关政策的通知》（财税〔2018〕15 号）

自 2017 年 1 月 1 日起，企业通过公益性社会组织或者县级（含县级）以上人民政府及其组成部门和直属机构，用于慈善活动、公益事业的捐赠支出，在年度利润总额12%以内的部分，准予在计算应纳税所得额时扣除；超过年度利润总额12%的部分，准予结转以后三年内在计算应纳税所得额时扣除。

《中华人民共和国个人所得税法》（中华人民共和国主席令第 9 号） 第六条第三款

个人将其所得对教育、扶贫、济困等公益慈善事业进行捐赠，捐赠额未超过纳税人申报的应纳税所得额百分之三十的部分，可以从其应纳税所得额中扣除；国务院规定对公益慈善事业捐赠实行全额税前扣除的，从其规定。

税法小课堂

（1）税收征管对于实现共同富裕有什么作用？

①再分配作用。税收是国家进行收入再分配的主要手段之一。

通过对高收入群体征收较高的税率,同时为低收入和中等收入群体提供税收减免,有助于缩小收入差距,促进社会公平。

②调节作用。税收政策可以调节经济运行,通过给予某些行业或领域税收优惠,鼓励其发展,从而实现产业结构调整和经济结构优化。

③引导作用。通过税收优惠政策,引导企业和个人进行合法合规的经营和投资,防止资本过度集中,进而推动整个经济健康发展。

(2)如何利用税收征管,促进共同富裕的实现?

《关于进一步深化税收征管改革的意见》中提到:"降低征纳成本,提高征管效率,增强税法遵从度和纳税人满意度,确保税收职能作用有效发挥,促进经济健康发展和社会公平正义。"这符合党的十九大关于"推动人的全面发展"和"社会全面进步"的要求,有利于共同富裕目标的实现。

针对高收入人群、资本交易、营利性教育机构等领域,加强税务监管,确保这些领域的税收合理、公平征收,防止税款流失,促进财富公平分配。同时,对虚开发票骗税、利用"阴阳合同"逃避税款等税收违法行为进行打击,确保税收制度的公正执行,促进共同富裕的实现。

55 我国未来税务征管的重点人群

如果你正在为如何少交税而烦恼,那么恭喜你,你很可能是高收入人群。为什么这么说呢?前两年《中国统计年鉴》的数据显示,我国有接近6亿人的月收入在1000元以下,有大约90%以上的人月收入在5000元以下,还达不到个人所得税综合所得的起征点。如果你每个月能交上个税,那你就偷着乐吧,你的收入已经打败了全国90%以上的人。

那是不是这部分人就是我们前面所说的高收入高净值人群呢?对于高收入高净值人群的定义,目前并没有一个全球统一且固定不变的绝对标准。以下是一些常见的从不同角度界定的参考方式和标准。

(1)从资产角度(净值角度)

①国内一些通俗说法和部分研究机构观点

- 拥有1000万元以上的个人可投资资产(如除自住房产等之

外的金融资产、投资性房产等）的人士通常可被视为高净值人士。

- 胡润研究院数据：家庭净资产（家庭总资产－负债）超过1000万元。
- 亿元家庭净资产的"超高净值家庭"。

②国际角度（不同国家因经济水平差异较大）

- 在欧美发达国家中，拥有超过100万美元投资资产的人，就可能被评估为高净值人士。

（2）从收入角度

①按年统计

- 最近一年收入超过200万元。
- 最近三年年均收入超过50万元。

②从收入构成角度（一些特定领域或人群）

- 例如，在金融投资领域，资产达到一定规模且每年从股票、期货等金融投资中获得稳定高额收益的人群（如胡润报告中提到，职业股民平均拥有370万元以上自主房产、160万元以上投资性房产和价值40万元以上的汽车等）。
- 企业主等年收入达到相当规模的群体（如企业经营利润转化为个人收入部分较高等）。

（3）从综合角度（生活方式、社会资源等）

①拥有多处高端房产、多辆豪车、大量的奢侈品，经常参与高消费的社交活动，在高端俱乐部拥有会员资格等。

②拥有一定的社会地位和影响力，如娱乐明星、体育明星、网红主播；担任大型企业高级管理职务、行业协会重要职务；知名社会活

动组织者，对社会舆论有一定引导能力等。

③从金融机构服务角度

- 银行等金融机构认定的高净值客户可能包括如认购单笔理财产品不少于较高金额（如100万~1000万元等不同等级）。
- 私人银行客户通常也被视为高净值、高收入人群的代表。不同银行对私人银行客户的资产门槛等规定有所不同，通常，600万~1000万元以上资产规模客户可进入私人银行服务范畴。

我们国家的税收法律制度还不完善，税收征管制度存在漏洞。国家为了实现共同富裕的目标，必须加大对高收入高净值人群的税收征管。

未来，国家可能对高收入高净值人群采取的税收征管措施可能有以下几个方面。

（1）信息收集与监控方面

①建立全面信息登记制度

- 要求高收入高净值人群全面申报其境内外资产、投资、收入来源等信息，包括金融资产（存款、理财、股票、债券、基金、信托等）、不动产、企业股权等。
- 与金融机构、房地产登记部门、证券机构等多部门信息联网，实时获取相关交易和资产变动数据。

②大数据和人工智能分析

- 利用大数据分析其消费模式、资产变化趋势等与收入申报的匹配性，筛查异常情况。
- 通过人工智能监测其关联交易、跨境交易等行为是否存在不合理税收安排。

（2）税收制度完善方面

①细化所得分类和税率结构

- 对于高净值人群的资本利得、财产转让所得、股息红利所得等进一步明确规定和区分税率档次。
- 适时调整最高边际税率，确保高收入群体承担合理税负。

②反避税规则强化

- 完善一般反避税条款，对不合理的商业目的交易进行严格审查。
- 针对利用海外避税地、离岸架构等进行避税的行为制定专项规则，如视同受控外国企业管理等。

③遗产税和赠与税

研究开征遗产税和赠与税，防止财富代际转移过程中的税收流失。

（3）税务管理方面

①专门化管理

- 税务机关内部成立专门针对高收入高净值人群的管理部门或工作小组，配备专业税务人员。
- 建立重点人群税收档案，动态跟踪管理。

②纳税评估和审计

- 定期对高收入高净值人群开展纳税评估，评估其税负合理性。
- 增加税务审计的频率和深度，包括现场审计和专项审计等。

③税收宣传和辅导
- 加强税收政策宣传和解读，确保高收入高净值人群充分理解政策和其纳税义务。
- 提供个性化的税务辅导和咨询服务。

（4）国际税收协调方面

①加强国际税收情报交换
- 与其他国家和地区签订税收协定，强化情报交换条款，获取本国居民海外资产和收入信息。
- 积极参与国际多边税收合作机制，如 CRS（共同申报准则）等。

②打击国际逃避税
- 对境外投资、境外取得收入等进行严格监管，防止利用国际税收差异逃避国内税收。
- 对放弃国籍的高收入高净值人群，如果符合特定条件（如资产达到一定规模等），在移民前要求清税。

（5）法律责任和惩处方面

①加大处罚力度
- 对于偷逃税行为，除了追缴税款、滞纳金外，大幅提高罚款倍数。
- 对情节严重、影响恶劣的，追究刑事责任。

②联合惩戒
- 将税收违法记录纳入社会信用体系，使其在投融资、市场准入、高消费等方面受到限制。
- 公开曝光典型违法案件，形成舆论监督压力。

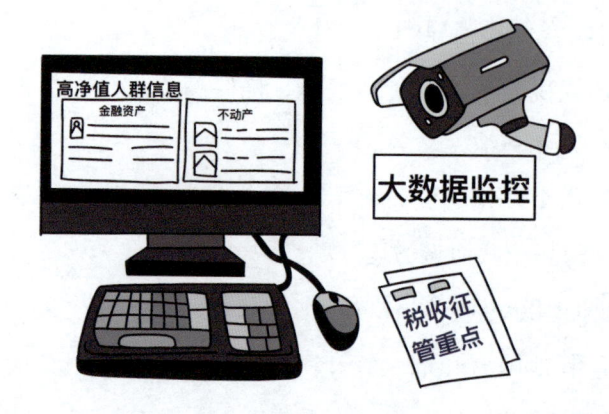

知晓了税务机关未来税务稽查的重点所在，身处重点行业、重点领域的单位纳税人，或者作为高收入高净值群体的个人纳税人，更应该恪守纳税底线，如实申报、依法纳税。

税法小课堂

（1）大数据和人工智能分析在高收入高净值人群税收征管中是如何应用的？

①某地区税务部门利用大数据分析，整合了金融机构、房地产登记部门、工商部门等多源数据。通过对高净值人群的银行账户资金流动、房产交易记录、企业股权变更等信息的综合比对，发现一位高净值人士存在大量未申报的股权转让收入，最终成功追征了相应税款。

②利用人工智能算法对高收入人群的消费数据进行分析。例如，通过信用卡消费记录、奢侈品购买记录以及高端服务消费等信息，结合其申报的收入，发现某企业高管的实际生活消费水平与申报收入不匹配，进而深入调查发现了其未申报的兼职收入和投资收益。

③税务机关借助大数据分析工具，对高净值人群的跨境资金流动进行监控，发现某企业家频繁将资金转移至海外账户。经过进一步调查，确认其存在通过海外账户隐匿资产和收入以逃避税收的行为。

④运用人工智能的风险评估模型，对高收入职业（如律师、金融从业者等）的纳税情况进行分析。通过分析行业平均收入水平、业务量与申报纳税额之间的关系，筛选出可能存在低报收入的风险对象，进行有针对性的税务审计。

这些案例展示了大数据和人工智能在发现潜在税收问题、提高征管效率和准确性方面的应用潜力，有助于加强对高收入高净值人群的税收征管。但需要注意的是，具体案例的细节可能因地区和实际情况差异而有所不同，且真实的详细案例通常属于税务部门的内部工作成果，未完全公开。

（2）个人哪两大方面的税务问题将受到重点监控？

①个人涉税基础信息，包括姓名、身份证号、户籍所在地、居住地、家庭成员信息等，这些信息可以帮助税务部门更加准确地了解纳税人的身份和经济状况。

②个人应税财产信息，涉及不动产、车辆、股权等，这些是判断个人税收情况的重要依据。

（3）未来税收征管改革的重点税种有哪些？

①增值税。从收入规模来看，长期以来增值税是我国税收收入的重要来源，在税收总收入中占比最高，涉及众多行业和经济领域，对经济活动的调节和财政收入保障起到基础性作用。目前，增值税法草案已经提请审议，改革的基本方向是简并税率档次、扩大抵扣范围。

②个人所得税。目前,个人所得税在我国整体税收中占比为7%左右,这个比例相对于发达国家水平而言是非常低的。随着经济的不断发展、税制的不断完善以及对高收入高净值人群的重点监管,个人所得税的占比会逐步上升至20%以上。

③消费税。作为我国的第四大税种,消费税在调整经济结构、保护资源环境以及调节贫富差距等方面起到了非常重要的作用,所以国家会越来越重视消费税的征收,推动消费税制度的改革并不断完善。